湘西苗族

民间传统文化丛书

【第二辑】

古仪歌

石寿贵◎编

中南大学出版社

www.csupress.com.cn

出版说明

罗康隆

  少数民族文化是中华民族宝贵的文化遗产，是中华文化的重要组成部分，是各民族在几千年历史发展进程中创造的重要文明成果，具有丰富的内涵。搜集、整理、出版少数民族文化丛书，不仅可以为学术研究提供真实可靠的文献资料，同时对继承和发扬各民族的优秀传统文化，振奋民族精神，增强民族团结，促进各民族的发展繁荣，意义深远。随着全球化趋势的加强和现代化进程的加快，我国的文化生态发生了巨大变化，非物质文化遗产受到越来越大的冲击。一些文化遗产正在不断消失，许多传统技艺濒临消亡，大量有历史、文化价值的珍贵实物与资料遭到毁弃或流失境外。加强我国非物质文化遗产的保护已经刻不容缓。

  苗族是中华民族大家庭中较古老的民族之一，是一个历史悠久且文化内涵独特的民族，也是一个久经磨难的民族。纵观其发展历史，是一个不断迁徙与适应新环境的历史发展过程，也是一个不断改变旧生活环境、适应新生活环境的发展历程。迁徙与适应是苗族命运的历史发展主线，也是造就苗族独特传统文化与坚韧民族精神的起源。由于苗族没有自己独立的文字，其千百年来的历史和精神都是通过苗族文化得以代代相传。苗族传统文化在发展的过程中经历的巨大的历史社会变迁，在一定程度上影响了苗族传统文化原生态保存，这也就使对苗族传统文化的抢救成了一个迫切问题。在实际情况中，其文化特色也是十分丰富生动的。一方面，苗族人民的口头文学是极其发达的，比如内容繁多的传说与民族古歌，是苗族人民世世代代的生存、奋斗、探索的总结，更是苗族人民生活的百科全书。苗族的大量民间传说也是苗族民间文学的重要组成部分，它所蕴含的理论价值体系是深深植入苗族社会的生产、生活中的。另一方面，苗族文化中的象形符号文化也是极其发达的，这些符号成功地传递了苗族文化的信息，从而形成了苗族文化体系的又一特点。苗族人民的生活实践也是苗族传统文化产生的又一来源，形成了一整套的文化生成与执行系统，使苗族人民的文化认同感和族群意识凸显。传统文化存在的意义是一种文化多元性与文化生态多样性的有机结合，对苗族文化的保护，首先就要涉及对苗族民间传统文化的保护。

《湘西苗族民间传统文化丛书》立足苗族东部方言区，从该方言区苗族民间传统文化的原生性出发，聚焦该方言区苗族的独特文化符号，忠实地记录了该方言区苗族的文化事实，着力呈现该方言区苗族的生态、生计与生命形态，揭示出该方言区苗族的生态空间、生产空间、生活空间与苗族文化的相互作用关系。

本套丛书的出版将会对湘西苗族民间传统文化艺术的抢救和保护工作提供指导，也会为民间传统文化艺术的学术理论研究提供有益的帮助，促进民间艺术传习进入学术体系，朝着高等研究体系群整合研究方向发展；其出版将会成为铸牢中华民族共同体意识的文化互鉴素材，成为我国乡村振兴在湘西地区落实的文化素材，成为人类学、民族学、社会学、民俗学等学科在湘西地区的研究素材，成为我国非物质文化遗产——苗族巴代文化遗产保护的宝库。

（作者系吉首大学历史与文化学院院长、湖南省苗学学会第四届会长）

总 序

刘昌刚

苗族是一个古老的民族，也是一个世界性的民族。据 2010 年第六次全国人口普查统计，我国苗族有 940 余万人，主要分布在贵州、湖南、云南、四川、广西、湖北、重庆、海南等省区市；国外苗族约有 300 万人，主要分布于越南、老挝、泰国、缅甸、美国、法国、澳大利亚等国家。

一

《苗族通史》导论记载：苗族，自古以来，无论是在文臣武将、史官学子的奏章、军录和史、志、考中，还是在游侠商贾、墨客骚人的纪行、见闻和辞、赋、诗里，都被当成一个神秘的"族群"，或贬或褒。在中国历史的悠悠长河中，苗族似一江春水时涨时落，如梦幻仙境时隐时现，整个苗疆，就像一本无字文书，天机不泄。在苗族人生活的大花园中，有着宛如仙境的武陵山、缙云山、梵净山、织金洞、九龙洞以及花果山水帘洞似的黄果树大瀑布等天工杰作；在苗族的民间故事里，有着极古老的蝴蝶妈妈、枫树娘娘、竹简兄弟、花莲姐妹等类似阿凡提的美丽传说；在苗族的族群里，嫡传着槃瓠（即盘瓠）后世、三苗五族、夜郎子民、楚国臣工；在苗族的习尚中，保留着八卦占卜、易经卜算、古傩祭祀、老君法令和至今仍盛行着的苗父医方、道陵巫术、三峰苗拳……在这个盛产文化精英的民族中，走出了蓝玉、沐英、王宪章等声震全国的名将，还诞生了熊希龄、滕代远、沈从文等政治家、文学家、教育家。闻一多在《伏羲考》一文中认为延维或委蛇指伏羲，是南方苗之神。远古时期居住在东南方的人统称为夷，伏羲是古代夷部落的大首领。苗族人民中确实流传着伏羲和女娲的传说，清初陆次云的《峒溪纤志》载："苗人腊祭曰报草。祭用巫，设女娲、伏羲位。"历史学家芮逸夫在《人类学集刊》上发表的《苗族洪水故事与伏羲、女娲的传说》中说："现代的人类学者经过实地考察，才得到这是苗族传说。据此，苗族全出于伏羲、女娲。他们本为兄妹，遭遇洪水，人烟断绝，仅此二人存。他们在盘古的撮合下，结为夫妇，绵延人类。"闻一多还写过《东皇太一考》，经他考证，苗族里的伏羲就是《九歌》里的东皇太一。

《中国通史》（范文澜著，人民出版社 1981 年版第 1 册第 19 页）载："黄帝族与炎帝族，又与夷族、黎族、苗族的一部分逐渐融合，形成春秋时期称为华族、汉以后称为汉族的初步基础。"远古时代就居住在中国南方的苗、黎、瑶等族，都有传说和神话，可是很少见于记载。一般说来，南方各族中的神话人物是"槃瓠"。三国时徐整作《三五历纪》吸收"槃瓠"入汉族神话，"槃瓠"衍变成开天辟地的盘古氏。

在历史上，苗族为了实现民族平等，屡战屡败，但又屡败屡战，从不屈服。苗族有着悠久、灿烂的文化，为中华文化的形成和发展做出了巨大贡献，在不同的历史阶段，涌现出了许多可歌可泣的英雄人物。

苗族不愧为中华民族中的一个伟大民族，苗族文化是苗族几千年的历史积淀，其丰厚的文化底蕴成就了今天这部灿烂辉煌的历史巨著。苗族确实是一个灾难深重的民族，却又是一个勤劳、善良、富有开拓性与创造性的伟大民族。苗族还是一个世界性的民族，不断开拓和创造着新的历史文化。

历史上公认的是，九黎之苗时期的五大发明是苗族对中国文化的原创性贡献。盛襄子在其《湖南苗史述略·三苗考》中论述道："此族（苗族）为中国之古土著民族，曾建国曰三苗。对于中国文化之贡献约有五端：发明农业，奠定中国基础，一也；神道设教，维系中国人心，二也；观察星象，开辟文化园地，三也；制作兵器，汉人用以征伐，四也；订定刑罚，以辅先王礼制，五也。"

苗族历史可以分为五个时期：先民聚落期（原始社会时期）、拓土立国期（九黎时期至公元前 223 年楚国灭亡）、苗疆分理期（公元前 223 年楚国灭亡至 1873 年咸同起义失败）、民主革命期（1873 年咸同起义失败到 1949 年中华人民共和国成立）、民族区域自治期（1949 年中华人民共和国成立至今）。相应地，苗族历史文化大致也可以分为五个时期，且各个时期具有不尽相同的文化特征：第一期以先民聚落期为界，巫山人进化成为现代智人，形成的是原始文化，即高庙文明初期；第二期以九黎、三苗、楚国为标志，属于苗族拓土立国期，形成的是以高庙文明为代表的灿烂辉煌的苗族原典文化；第三期是以苗文化为母本，充分吸收了诸夏文化，特别是儒学思想形成高庙苗族文化；第四期是苗族历史上的民主革命期（1872 年咸同起义失败到 1949 年中华人民共和国成立），形成了以苗族文化为母本，吸收了电学、光学、化学、哲学等基本内容的东土苗汉文化与西洋文化于一体的近现代苗族文化；第五期是苗族进入民族区域自治期（1949 年中华人民共和国成立至今），此期形成的是以苗族文化为母本，进一步融合传统文化、西方文化、当代中国先进文化的当代苗族文化。

二

苗族是我国一个古老的人口众多的民族，又是一个世界性的民族。她以其悠久的历史和深厚的文化而著称于世，传承着历史文化、民族精神。由田兵主编的《苗族古歌》，马学良、今旦译注的《苗族史诗》，龙炳文整理译注的《苗族古老话》，是苗族古代的编年史和苗族百科全书，也是苗族最主要的哲学文献。

距今 7800—5300 年的高庙文明所包含的不仅是一个高庙文化遗址，其同类文化遍布亚洲大陆，其中期虽在建筑、文学和科技等方面不及苏美尔文明辉煌，却比苏美尔文明早 2300 年，初期文明程度更高，后期又不像苏美尔文明那样中断，是世界上唯一一直绵延不断、发展至今，并最终创造出辉煌华夏文明的人类文明。在高庙文化区域的常德安乡县汤家岗遗址出土有蚩尤出生档案记录盘。

苗族人民口耳相传的"苗族古歌"记载了祖先"蝴蝶妈妈"及蚩尤的出生：蝴蝶妈妈是从枫木心中变出来的。蝴蝶妈妈一生下来就要吃鱼，鱼在哪里？鱼在继尾池。继尾古塘里，鱼儿多着呢！草帽般大的瓢虫，仓柱般粗的泥鳅，穿枋般大的鲤鱼。这里的鱼给她吃，她好喜欢。一次和水上的泡沫"游方"（恋爱）怀孕后生下了 12 个蛋。后经鹤宇鸟（有的也写成鸡宇鸟）悉心孵养，12 年后，生出了雷公、龙、虎、蛇、牛和苗族的祖先姜央（一说是龙、虎、水牛、蛇、蜈蚣、雷和姜央）等 12 个兄弟。

《山海经·卷十五·大荒南经》中也记载了蚩尤与枫树以及蝴蝶妈妈的不解之缘："有宋山者，有赤蛇，名曰育蛇。有木生山上，名曰枫木。枫木，蚩尤所弃其桎梏，是为枫木。有人方齿虎尾，名曰祖状之尸。"姜央是苗族祖先，蝴蝶自然是苗族始祖了。

澳大利亚人类学家格迪斯说过："世界上有两个苦难深重而又顽强不屈的民族，他们就是中国的苗族和分散在世界各地的犹太民族。"诚如所言，苗族是一个灾难深重而又自强不息的民族。唯其灾难深重，才能在磨砺中锤炼筋骨，迸发出民族自强不屈的魂灵，撰写出民族文化的鸿篇巨制。近年来，随着国家民族政策的逐步完善，对寄寓在民族学大范畴下的民族历史文化研究逐步深入，苗族作为我国少数民族百花园中的重要一支，其悠远、丰厚的历史足迹与文化遗址逐渐为世人所知。

苗族口耳相传的古歌记载，苗族祖先曾经以树叶为衣、以岩洞或树巢为家、以女性为首领。从当前一些苗族地区的亲属称谓制度中，也可以看出苗族从母权制到父权制、从血缘婚到对偶婚的演变痕迹。诸如此类的种种佐证材料，无不证明着苗族的悠远历史。苗族祖先凭借优越的地理条件，辛勤开拓，先后发明了冶金术和刑罚，他们团结征伐，雄踞东方，强大的部落联盟在史书上被冠以"九黎"之称。苗族历史上闪耀夺目的九黎部落首领是战神蚩尤，他依靠坚兵利甲，纵横南北，威震天下。但是，蚩尤与同时代的炎黄部落逐鹿中原时战败，从此开启了漫长的迁徙逆旅。

总体来看，苗族的迁徙经历了从南到北、从北到南、从东到西、从大江大河到小江小河，乃至栖居于深山老林的迁徙轨迹。五千年前，战败的蚩尤部落大部分南渡黄河，聚集江淮，留下先祖渡"浑水河"的传说。这一支经过休养生息的苗族先人汇聚江淮，披荆斩棘，很快就一扫先祖战败的屈辱和阴霾，组建了强大的三苗集团。然而，历史的车轮总是周而复始的，他们最终还是不敌中原部落的左右夹攻，他们中的一部分到达西北并随即南下，进入川、滇、黔边区。三苗主干则被流放崇山，进入鄱阳湖、洞庭湖腹地，秦汉以来不属王化的南蛮主支蔚然成势。夏商春秋战国乃至秦汉以降的历代正史典籍，充斥着云、贵、湘地南蛮不服王化的"斑斑劣迹"。这群发端于蚩尤的苗族后裔，作为中国少数民族的重要代表，深入武陵山脉心脏，抱团行进，男耕女织，互为凭借，势力强大，他们被封建统治阶级称为武陵蛮。据史料记载，东汉以来对武陵蛮的刀兵相加不可胜数，双方各有死伤。自晋至明，苗族在湖北、河南、陕西、云南、江西、湖南、广西、贵州等地辗转往复，与封建统治者进行了长期艰苦卓绝的不屈斗争。清朝及民国，苗族驻扎在云南的一支因战火而大量迁徙至滇西边境和东南亚诸国，进而散发至欧洲、北美、澳大利亚。

苗族遂成为一个世界性的民族！

三

苗族同胞在与封建统治者长期的争夺征战中，不断被压缩生存空间，又不断拓展生存空间，从而形成了其民族极为独特的迁徙文化现象。苗族历史上没有文字，却保存有大量的神话传说，他们有感于迁徙繁衍途中的沧桑征程，对天地宇宙产生了原始朴素的哲理认知。每迁徙一地，他们都结合当地实际，丰富、完善本民族文化内涵，从而形成了系列以"蝴蝶""盘瓠""水牛""枫树"为表象的原始图腾文化。苗族虽然没有文字，却有丰富的口传文化，这些口传文化经后人整理，散见于贵州、湖南等地流传的《苗族古歌》《苗族古老话》《苗族史诗》等典籍，它们承载着苗族后人对祖先口耳相传的族源、英雄、历史、文化的再现使命。

苗族迁徙的历程是艰辛、苦难的，迁徙途中的光怪陆离却是迷人的。他们善于从迁徙途中寻求生命意义，又从苦难中构建人伦规范，他们赋予迁徙以非同一般的意义。他们充分利用身体、语言、穿戴、图画、建筑等媒介，表达对天地宇宙的认识、对生命意义的理解、对人伦道德的阐述、对生活艺术的想象。于是，基于迁徙现象而产生的苗族文化便变得异常丰富。苗族将天地宇宙挑绣在服饰上，得出了天圆地方的朴素见解；将历史文化唱进歌声里，延续了民族文化一以贯之的坚韧品性；将跋涉足迹画在了岩壁上，应对苦难能始终奋勇不屈。其丰富的内涵、奇特的形式、隐忍的表达，成为这个民族独特的魅力，成为这个民族极具异禀的审美旨趣。从这个层面扩而大之，苗族的历史文化，便具备了一种神秘文化的潜在魅力与内涵支撑。苗族神秘文化最为典型的表现是巴代文化现象。从隐藏的文化内涵因子分析来看，巴代文化实则是苗族生存发展、生产生活、伦理道德、物质精神等文化现象的活态传承。

苗族丰富的民族传奇经历造就了其深厚的历史文化，但其不羁的民族精神又使得这个民族成为封建统治者征伐打压的对象。甚至可以说，一部封建史，就是一部苗族的压迫屈辱史。封建统治者压迫苗族同胞惯用的手段，一是征战屠杀，二是愚昧民众，历经千年演绎，苗族同胞之于本民族历史、祖先伟大事功，慢慢忽略，甚至抹杀性遗忘。

一个伟大民族的悲哀莫过于此！

四

历经苦难，走向辉煌。中华人民共和国成立后，得益于党的民族政策，苗族与全国其他少数民族一样，依托民族区域自治法，组建了系列具有本民族特色的少数民族自治机构，千百年被压在社会底层的苗族同胞，翻身当家做主人，他们重新直面苗族的历史文化，系统挖掘、整理、提升本民族历史文化，切实找到了民族的历史价值和民族文化自信。贵州和湖南湘西武陵山区一带，自古就是封建统治阶级口中的"武陵蛮"的核心区域。这一块曾经被统治阶级视为不毛之地的蛮荒地区，如今得到了国家的高度重视，中央整合武陵山片区4省市71个县市，实施了武陵山片区扶贫攻坚战略。作为国家区域大扶贫战略中的重要组成部分，武陵山区苗族同胞的脱贫发展牵动着党中央、国务院关注的目光。武陵山区苗族同胞感恩党中央，激发内生动力，与党中央同步共振，掀起了一场轰轰烈烈的脱贫攻坚世纪大战。

苗族是湘西土家族苗族自治州两大主体民族之一，要推进湘西发展，当前基础性的工作就是要完成两大主体民族脱贫攻坚重点工作，自然，苗族承担的历史使命责无旁贷。在这样的语境下，推进湘西发展、推进苗族聚集区同胞脱贫致富，就是要充分用好、用活苗族深厚的历史文化资源，以挖掘、提升民族文化资源品质，提升民族文化自信心；要全面整合苗族民族文化资源精华，去芜存菁，把文化资源转化为现实生产力，服务于我州经济社会的发展。

正是贯彻这样的理念，湘西土家族苗族自治州立足少数民族自治地区的民族资源特色禀赋，提出了生态立州、文化强州的发展理念，围绕生态牌、文化牌打出了"全域旅游示范区建设""国内外知名生态文化公园"系列组合拳，民族文化旅游业蓬勃发展，民族地区脱贫攻坚工作突飞猛进。在具体操作层面，州委、州政府提出了以"土家探源""神秘苗乡"为载体、深入推进我州文化旅游产业发展的口号，重点挖掘和研究红色文化、巫傩文化、苗疆文化、土司文化。基于此，州政协按照服务州委、州政府中心工作和民生热点难点的履职要求，组织相关专家学者，联合相关出版机构，在申报重点课题的基础上，深度挖掘苗族历史文化，按课题整理、出版苗族历史文化丛书。

人类具有社会属性，所以才会对神话故事、掌故、文物和文献进行著录和收传。以民族出版社出版、吴荣臻主编的五卷本《苗族通史》和贵州民族出版社出版的《苗族古歌》系列著作为标志，苗学研究进入了一个新的历史时期。

湘西土家族苗族自治州政协组织牵头的《湘西苗族民间传统文化丛书》记载了苗疆文化的主要内容，是苗族文化研究的重要成果。它不但整理译注了浩如烟海的有关苗疆的历史文献，出版了史料文献丛书，还记录整理了苗族人民口传心录的苗族古歌系列、巴代文化系列等珍贵资料，并展示了当代文化研究成果。

　　党的十八大以来，以习近平同志为核心的党中央，以"一带一路"倡议为抓手，不断推进人类命运共同体建设，以实现中华民族伟大复兴的中国梦为目标，不断推进理论自信、道路自信、制度自信和文化自信。没有包括苗族文化在内的各个少数民族文化的复兴，也不会有完全的中华民族伟大复兴。

　　因此，从苗族历史文化中探寻苗族原典文化，发现新智慧、拓展新路径，从而提升民族文化自信力，服务湘西生态文化公园建设，推进精准扶贫、精准脱贫，实现乡村振兴，进而实现湘西现代化建设目标，善莫大焉！

　　此为序！

2018 年 9 月 5 日

专家序一

掀起湘西苗族巴代文化的神秘面纱

汤建军

　　2017 年 9 月 7 日，根据中共湖南省委安排，我在中共湘西州委做了题为"砥砺奋进的五年"的形势报告。会后，在湘西州社科联谭必四主席的陪同下，考察了一直想去的花垣县双龙镇十八洞村。出于对民族文化的好奇，考察完十八洞村后，我根据中共湖南省委网信办在花垣县挂职锻炼的范东华同志的热诚推荐，专程拜访了苗族巴代文化奇人石寿贵老先生，参观其私家苗族巴代文化陈列基地。石寿贵先生何许人也？花垣县双龙镇洞冲村人。他是本家祖传苗师"巴代雄"第 32 代掌坛师、客师"巴代扎"第 11 代掌坛师、民间正一道第 18 代掌坛师。石老先生还是湘西州第一批命名的"非物质文化遗产（以下简称'非遗'）保护"名录"苗老司"代表性传承人、湖南省第四批"非遗"名录"苗族巴代"代表性传承人、吉首大学客座教授、中国民俗学会蚩尤文化研究基地蚩尤文化研究会副会长、巴代文化学会会长。他长期从事巴代文化、道坛丧葬文化、民间习俗礼仪文化等苗族文化的挖掘搜集、整编译注及研究传承工作。一直以来，他和家人，动用全家之财力、物力和人力，经过近 50 年的全身心投入，在本家积累 32 代祖传资料的基础上，又走访了贵州、四川、湖北、湖南、重庆等周边 20 多个县市有名望的巴代坛班，通过本家厚实的资料库加上广泛搜集得来的资料，目前已整编译注出 7 大类 76 本

2500 多万字及 4000 余幅仪式彩图的《巴代文化系列丛书》，且准备编入《湘西苗族民间传统文化丛书》进行出版。这 7 大类 76 本具体包括：第一类，基础篇 10 本；第二类，苗师科仪 20 本；第三类，客师科仪 10 本；第四类，道师科仪 5 本；第五类，侧记篇 4 本；第六类，苗族古歌 14 本；第七类，历代手抄本扫描 13 本。除了书稿资料以外，石寿贵先生还建立起了 8000 多分钟的仪式影像、238 件套的巴代实物、1000 多分钟的仪式音乐、此前他人出版的有关苗族巴代民俗的藏书 200 余册以及包括一整套待出版的《湘西苗族民间传统文化丛书》在内的资料档案。此前，他还主笔出版了《苗族道场科仪汇编》《苗师通书诠释》《湘西苗族古老歌话》《湘西苗族巴代古歌》四本著作。其巴代文化研究基地已建立起巴代文化的三大仪式、两大体系、八大板块、三十七种类苗族文化数据库，成为全国乃至海内外苗族巴代文化资料最齐全系统、最翔实厚重、最丰富权威的亮点单位。"苗族巴代"在 2016 年 6 月入选第四批湖南省"非遗"保护名录。2018 年 6 月，石寿贵老先生获批为湖南省第四批非物质文化遗产保护项目"苗族巴代"代表性传承人。

走进石寿贵先生的巴代文化挖掘搜集、整编译注、研究及陈列基地，这是一栋两层楼的陈列馆，没有住人，全部都是用来作为巴代文化资料整编译注和陈列的。一楼有整编译注工作室和仪式影像投影室等，中堂为有关图片及字画陈列，文化气息扑面而来。二楼分别为巴代实物资料、文字资料陈列室和仪式腔调录音室及仪式影像资料制作室等，其中 32 个书柜全都装满了巴代书稿和实物，真可谓书山文海、千册万卷、博大精深、琳琅满目。

石老先生所收藏和陈列的巴代文化各种资料、物件和他本人的研究成果极大地震撼了我们一行人。我初步翻阅了石老先生提供的《湘西苗族巴代揭秘》一书初稿，感觉这些著述在中外学术界实属前所未闻、史无前例、绝无仅有。作者运用独特的理论体系资料、文字体系资料以及仪式符号体系资料等，全面揭露了湘西苗族巴代的奥秘，此书必将为研究苗族文化、苗族巴代文化学和中国民族学、民俗学、民族宗教学以及苗族地区摄影专家、民族文化爱好者提供线索、搭建平台与铺设道路。我当即与湘西州社科联谭必四主席商量，建议他协助和支持石老先生将《湘西苗族巴代揭秘》一书申报湖南省社科普及著作出版资助。经过专家的严格评选，该书终于获得了出版资助，在湖南教育出版社得到出版。因为这是一本在总体上全面客观、科学翔实、通俗形象地介绍苗族巴代及其文化的书，我相信此书一定会成为广大读者喜闻喜阅、喜欣喜爱的书，一定能给苗族历代祖先以慰藉，一定能更好地传播苗民族文化精华，一定能深入弘扬中华民族优秀传统文化。

2017 年 12 月 6 日，我应邀在中南大学出版社宣讲党的十九大精神时，结合如何策划选题，重点推介了石寿贵先生的苗族巴代文化系列研究成果，希望中南大学出版社在前期积累的基础上，放大市场眼光，挖掘具有民族特色的文化遗产，积极扶持石老先生巴代文化成果的出版。这个建议得到了吴湘华社长及其专业策划团队的高度重视。2018 年 1 月 30 日，国家出版基金资助项目公示，由中南大学出版社挖掘和策划的石寿贵编著的《巴代文化系列丛书》中的 10 本作为第一批《湘西苗族民间传统文化丛书》入选。该丛书以苗族巴代原生态的仪式脚本(包括仪式结构、仪式程序、仪式形态、仪式内容、仪式音乐、仪式气氛、仪式因果等)记录为主要内容，原原本本地记录了苗师科仪、客师科仪、道师绕棺戏科仪以及苗族古歌、巴代历代手抄本扫描等脚本资料，建立起了科仪的文字记录、图片静态记录、影像动态记录、历代手抄本文献记录、道具法器实物记录等资料数据库，是目前湘西苗族地区种类较为齐全、内容翔实、实物彩图丰富生动的原生态民间传统资料，充分体现了苗族博大精深、源远流长的文化内涵和艺术价值，对今后全方位、多视角、深层次研究苗族历史文化有着极其重要的价值和深远的意义。

　　从《湘西苗族民间传统文化丛书》中所介绍的内容来看，可以说，到目前为止，这套丛书是有关领域中内容最系统翔实、最丰富完整、最难能可贵的资料了。此套书籍如此广泛深入、全面系统、尽数囊括、笼统纳入，实为古今中外之罕见，堪称绝无仅有、弥足珍贵，也是有史以来对苗族巴代文化的全面归纳和科学总结。我想，这既是石老先生和他的祖上及其家眷以及政界、学界、社会各界对苗族文化的热爱、执着、拼搏、奋斗、支持、帮助的结果，也体现出了石寿贵老先生对苗族文化所做出的巨大贡献。这套丛书将成为苗族传统文化保护传承、研究弘扬的新起点和里程碑。用学术化的语言来说，这 300 余种巴代科仪就是巴代历代以来所主持苗族的祭祀仪式、习俗仪式以及各种社会活动仪式的具体内容。但仪式所表露出来的仅仅只是表面形式而已，更重要的是包含在仪式里面的文化因子与精神特质。关于这一点，石寿贵老先生在丛书中也剖析得相当清晰，他认为巴代文化的形成是苗族文化因子的作用所致。他认为：世界上所有的民族和教派都有不同于其他民族的文化因子，比如佛家的因果轮回、慈善涅槃、佛国净土，道家的五行生克、长生久视、清静无为，儒家的忠孝仁义、三纲五常、齐家治国，以及纳西族的"东巴"、羌族的"释比"、东北民族的"萨满"、土家族的"梯玛"等，无不都是严格区别于其他民族或教派的独特文化因子。由某个民族文化因子所产生出来的文化信念，在内形成了该民族的观念、性格、素质、气节和精神，在外则形成了该民族的风格、习俗、形象、身份和标志。通过内外因素的共同作用，形成支撑该民族生生不息、发展壮大、繁荣富强的不竭动力。苗族巴代文化的核心理念是人类的"自我不灭"真性，在这一文化因子的影响下，形成了"自我崇拜"或"崇拜自我、维护自我、服务自我"的人类生存哲学体系。这种理论和实践体现在苗师"巴代雄"祭祀仪式的方方面面，比如上供时所说的"我吃你吃，我喝你喝"。说过之后，还得将供品一滴不漏地吃进口中，意思为我吃就是我的祖先吃，我喝就是我的祖先喝，我就是我的祖先，我的祖先就是我，祖先虽亡，但他的血液在我的身上流淌，他的基因附在我的身上，祖先的化身就是当下的我，并且一直延续到永远，这种自我真性没有被泯灭掉。同时，苗师"巴代雄"所祭祀的对象既不是木偶，也不是神像，更不是牌位，而是活人，是舅爷或德高望重的活人。这种祭祀不同于汉文化中的灵魂崇拜、鬼神崇拜或自然崇拜，而是实实在在的、活生生的自我崇拜。这就是巴代传承古代苗族主流文化（因子）的内在实质和具体内容。无怪乎如来佛祖降生时一手指天，一手指地，所说的第一句话就是："天上地下，唯我独尊。"佛祖所说的这个"我"，指的绝非本人，而是宇宙间、世界上的真性自我。

石老先生认为，从生物学的角度来说，世界上一切有生命的动植物的活动都是维护自我生存的活动，维护自我毋庸置疑。从人类学的角度来说，人类的真性自我不生不灭，世间人类自身的一切活动都是围绕有利于自我生存和发展这个主旨来开展的，背离了这个主旨的一切活动都是没有任何价值和意义的活动。从社会科学的角度来说，人类社会所有的科普项目、科学文化，都是从有利于人类自我生存和发展这个主题来展开的，如果离开了这条主线，科普也就没有了任何价值和意义。从人类生存哲学的角度来说，其主要的逻辑范畴，也是紧紧地把握人类这个大的自我群体的生存和发展目标去立论拓展的，自我生存成为最大的逻辑范畴；从民族学的角度来说，每个要维护自己生生不息、发展壮大的民族，都要有自己强势优越、高超独特、先进优秀的文化来作支撑，而要得到这种文化支撑的主体便是这个民族大的自我。

石老先生还说，从维护小的生命、个体的小自我到维护大的人类、群体的大自我，是生物世界始终都绕不开的总话题。因而，自我不灭、自我崇拜或崇拜自我、服务自我、维护自我，在历史上早就成为巴代文化的核心理念。正是苗师"巴代雄"所奉行的这个"自我不灭论"宗旨教义，所行持的"自我崇拜"的教条教法，涵盖了极具广泛意义的人类学、民族学以及哲学文化领域中的人类求生存发展、求幸福美好的理想追求。也正是这种自我真性崇拜的文化因子，才形成了我们的民族文化自信，锻造了民族的灵魂素质，成就了民族的精神气节，才能坚定民族自生自存、自立自强的信念意识，产生出民族生生不息、发展壮大的永生力量。这就充分说明，苗族的巴代文化，既不是信鬼信神的巫鬼文化，也不是重巫尚鬼的巫傩文化，而是从基因实质的文化信念到灵魂素质、意识气魄的锻造殿堂，是彻头彻尾的精神文化，这就是巴代文化和巫鬼文化、巫傩文化的本质区别所在。

乡土的草根文化是民族传统文化体系的基因库，只要正向、确切、适宜地打开这个基因库，我们就能找到民族的根和魂，感触到民族文化的神和命。巴代作为古代苗族主流文化的传承者，作为一个族群社会民众的集体意识，作为支撑古代苗族生存发展、生生不息的强大的精神支柱和崇高的文化图腾，作为苗族发展史、文明史曾经的符号，作为中华民族文化大一统中的亮丽一簇，很少被较为全面系统、正向正位地披露过。

巴代是古代苗族祭祀仪式、习俗仪式、各种社会活动仪式这三大仪式的主持者，更是苗族主流文化的传承者。因为苗族在历史上频繁迁徙、没有文字、不属王化、封闭保守等因素，再加上历史条件的限制与束缚，为了民族的生存和发展，苗族先人机灵地以巴代所主持的三大仪式为本民族的显性文化表象，来传承苗族文化的原生基因、本根元素、全准信息等这些只可意会、不可言传的隐性文化实质。又因这三大仪式的主持者叫巴代，故其所传承、主导、影响的苗族主流文化又被称为巴代文化，巴代也就自然而然地成为聚集古代苗族的哲学家、法学家、思想家、社会活动家、心理学家、医学家、史学家、语言学家、文学家、理论家、艺术家、易学家、曲艺家、音乐家、舞蹈家、农业学家等诸大家之精华于一身的上层文化人，自古以来就一直受到苗族人民的信任、崇敬和尊重。

巴代文化简单说来就是三大仪式、两大体系、八大板块和三十七种文化。其包括了苗族生存发展、生产生活、伦理道德、物质精神等从里到表、方方面面、各个领域的文化。巴代文化必定成为有效地记录与传承苗族文化的大乘载体、百科全书以及活态化石，必定成为带领苗族人民从远古一直走到近代的精神支柱和家园，必定成为苗族文化的根、魂、神、质、形、命的基因实质，必定成为具有苗族代表性的文化符号与文化品牌，必定成为苗族优秀的传统文化、神秘湘西的基本要素。

石老先生委托我为他的丛书写篇序言，因为我的专业不是民族学研究，不能从专业角度给予中肯评价，为读者做好向导，所以我很为难，但又不好拒绝石老先生。工作之余，我花了很多时间认真学习他的相关著述，总感觉高手在民间，这些文字是历代苗族文化精华之沉淀，文字之中透着苗族人的独特智慧，浸润着石老先生及历代巴代们的心血智慧，更体现出了石老先生及其家人一生为传承苗族文化所承载的常人难以想象的、难以忍受的艰辛、曲折、困苦、执着和担当。

这次参观虽然不到两个小时，却发现了苗族巴代文化的正宗传人。遇见石老先生，我感觉自己十分幸运，亦深感自己有责任、有义务为湘西苗族巴代文化及其传人积极推荐，努力让深藏民间的优秀民族文化遗产能够公开出版。石老先生的心愿已了，感恩与我们一样有这种情结的评审专家和出版单位对《湘西苗族民间传统文化丛书》的厚爱和支持。我相信，大家努力促成这些书籍公开出版，必将揭开湘西苗族巴代文化的神秘面纱，必将开启苗族巴代文化保护传承、研究弘扬、推介宣传的热潮，也必将引发湘西苗族巴代文化旅游的高潮。

略表数言，抛砖引玉，是为序。

（作者系湖南省社会科学院党组成员、副院长，湖南省省情研究会会长、研究员）

专家序二

罗康隆

  我来湘西 20 年，不论是在学校，还是在村落，听到当地苗语最多的就是"巴代"（分"巴代雄"与"巴代扎"）。起初，我也不懂巴代的系统内涵，只知道巴代是湘西苗族的"祭师"，但经过 20 年来循序渐进的认识与理解，我深知，湘西苗族的"巴代"，并非用"祭师"一词就可以简单替代。

  说实在的，我是通过《湘西苗族调查报告》和《湘西苗族实地调查报告》这两本书来了解湘西的巴代文化的。1933 年 5 月，国立中央研究院的凌纯声、芮逸夫来湘西苗区调查，三个月后凌纯声、芮逸夫离开湘西，形成了《湘西苗族调查报告》（2003 年 12 月由民族出版社出版）。该书聚焦于对湘西苗族文化的展示，通过实地摄影、图画素描、民间文物搜集，甚至影片拍摄，加上文字资料的说明等，再现了当时湘西苗族社会文化的真实图景，其中包含了不少关于湘西苗族巴代的资料。

  当时，湘西乾州人石启贵担任该调查组的顾问，协助凌纯声、芮逸夫在苗区展开调查。凌纯声、芮逸夫离开湘西时邀请石启贵代为继续调查，并请国立中央研究院聘石启贵为湘西苗族补充调查员，从此，石启贵正式走上了苗族研究工作的道路。经过多年的走访调查，石启贵于 1940 年完成了《湘西苗族实地调查报告》（2008 年由湖南人民出版社出版）。在该书第十章"宗教信仰"中，他用了 11 节篇幅来介绍湘西苗族的民间信仰。2009 年由中央民族大学"985 工程"中国少数民族非物质文化研究与保护中心与台湾"中央研究院"历史语言研究所联合整理，在民族出版社出版了《民国时期湘南苗族调查实录（1 ~ 8 卷）（套装全 10 册）》，包括民国习俗卷、椎猪卷、文学卷、接龙卷、祭日月神卷、祭祀神辞汉译卷、还傩愿卷、椎牛卷（上）、椎牛卷（中）、椎牛卷(下)。由是，人们对湘西苗族"巴代"有了更加系统的了解。

我作为苗族的一员，虽然不说苗语了，但对苗族文化仍然充满着热情与期待。在我主持学校民族学学科建设之初，就将苗族文化列为重点调查与研究领域，利用课余时间行走在湘西的腊尔山区苗族地区，对苗族文化展开调查，主编了《五溪文化研究》丛书和《文化与田野》人类学图文系列丛书。在此期间结识了不少巴代，其中就有花垣县董马库的石寿贵。此后，我几次到石寿贵家中拜访，得知他不仅从事巴代活动，而且还长期整理湘西苗族的巴代资料，对湘西苗族巴代有着系统的了解和较深的理解。

我被石寿贵收集巴代资料的精神所感动，决定在民族学学科建设中与他建立学术合作关系，首先给他配备了一台台式电脑和一台摄像机，可以用来改变以往纯手写的不便，更可以将巴代的活动以图片与影视的方式记录下来。此后，我也多次邀请他到吉首大学进行学术交流。在台湾"中央研究院"康豹教授主持的"深耕计划"中，石寿贵更是积极主动，多次对他所理解的"巴代"进行阐释。他认为湘西苗族的巴代是一种文化，巴代是古代苗族祭祀仪式、习俗仪式、各种社会活动仪式这三大仪式的主持者，是苗族文化的传承载体之一，是湘西苗族"百科全书"的构造者。

巴代文化成为苗族文化的根、魂、神、质、形、命的基因实质。这部《湘西苗族民间传统文化丛书》含 7 大类 76 本 2500 多万字及 4000 余幅仪式彩图，还有 8000 多分钟仪式影像、238 件套巴代实物、1000 多分钟仪式音乐等，形成了巴代文化资料数据库。这些资料弥足珍贵，以苗族巴代仪式结构、仪式程序、仪式形态、仪式内容、仪式音乐、仪式气氛、仪式因果为主要内容进行记录。这是作者在本家 32 代祖传所积累丰厚资料的基础上，通过近 50 年对贵州、四川、湖南、湖北、重庆等省市周边有名望的巴代坛班走访交流，行程达 10 万多公里，耗资 40 余万元，竭尽全家之精力、人力、财力、物力，对巴代文化资料进行挖掘、搜集与整理所形成的资料汇编。

这些资料的样本存于吉首大学历史与文化学院民间文献室，我安排人员对这批资料进行了扫描，准备在 2015 年整理出版，并召开过几次有关出版事宜的会议，但由于种种原因未能出版。今天，它将由中南大学出版社申请到的国家出版基金资助出版，也算是了结了我多年来的一个心愿，这是苗族文化史上的一件大好事。这将促进苗族传统文化的保护，极大地促进民族精神的传承和发扬，有助于加强、保护与弘扬传统文化，对落实党和国家加强文化大发展战略有着特殊的使命与价值。

（作者系吉首大学历史与文化学院院长、湖南省苗学学会第四届会长）

概 述

　　《湘西苗族民间传统文化丛书》以苗族巴代原生态的仪式脚本(包括仪式结构、仪式程序、仪式形态、仪式内容、仪式音乐、仪式气氛、仪式因果等)记录为主要内容,原原本本地记录了苗师科仪、客师科仪、道师绕棺戏科仪以及苗族古歌、巴代历代手抄本扫描等脚本资料,建立起了科仪文字记录、图片静态记录、影像动态记录、历代手抄本文献记录、道具法器实物记录等资料数据库,为抢救、保护、传承、研究这些濒临灭绝的苗族传统文化打牢了基础,搭建了平台,提供了必需的条件。

　　巴代是古代苗族祭祀仪式、习俗仪式、各种社会活动仪式这三大仪式的主持者,也是苗族主流文化的传承载体之一。古代苗族在涿鹿之战后因为频繁迁徙、分散各地、没有文字、不属王化、封闭保守等因素,形成了具有显性文化表象和隐性文化实质这二元文化的特殊架构。基于历史条件的限制与束缚,为了民族的生存和发展,苗族先人机灵地以巴代所主持的三大仪式为本民族的显性文化表象,来传承苗族文化的原生基因、本根元素、全准信息等这些只可意会、不可言传的隐性文化实质。因为三大仪式的主持者叫巴代,故其所传承、主导、影响的苗族主流文化又被称为巴代文化,巴代也就自然而然地成为聚集古代苗族的哲学家、史学家、宗教家等诸大家之精华于一身的上层文化人,自古以来就一直受到苗族人民的信任、崇敬和尊重。

　　巴代文化简单说来就是三大仪式、两大体系、八大板块和三十七种文化。其包括了苗族生存发展、生产生活、伦理道德、物质精神等从里到表、方方面面各个领域的文化。巴代文化必定成为有效地记录与传承苗族文化的大乘载体、百科全书以及活态化石，必定成为带领苗族人民从远古一直走到近代的精神支柱和家园，必定成为苗族文化的根、魂、神、质、形、命的基因实质，必定成为具有苗族代表性的文化符号与文化品牌，必定成为苗族优秀的传统文化之一、神秘湘西的基本要素。

苗族的巴代文化与纳西族的东巴文化、羌族的释比文化、东北民族的萨满文化、汉族的儒家文化、藏族的甘朱尔等一样，是中华文明五千年的文化成分和民族文化大花园中的亮丽一簇，是苗族文化的本源井和柱标石。巴代文化的定位是苗族文化的全面归纳、科学总结与文明升华。

近代以来，由于种种原因，巴代文化濒临灭绝。为了抢救这种苗族传统文化，笔者在本家 32 代祖传所积累丰厚资料的基础上，又通过近 50 年以来对贵州、四川、湖南、湖北、重庆等省市周边有名望的巴代坛班走访交流，行程 10 多万公里，耗资 40 余万元，竭尽全家之精力、人力、财力、物力，全身心投入巴代文化资料的挖掘、搜集、整编译注、保护传承工作中，到目前已形成了 7 大类 76 本 2500 多万字及 4000 余幅仪式彩图的《湘西苗族民间传统文化丛书》（以下简称《丛书》）有待出版，建立起了《丛书》以及 8000 多分钟的仪式影像、238 件套的巴代实物、1000 多分钟的仪式音乐等巴代文化资料数据库。该《丛书》已成为当今海内外唯一的苗族巴代文化资源库。

7 大类 76 本 2500 多万字及 4000 余幅仪式彩图的《丛书》在学术界也称得上是鸿篇巨制了。为了使读者能够在大体上了解这套《丛书》的基本内容，在此以概述的形式来逐集进行简介是很有必要的。

这套洋洋大观的《丛书》，是一个严谨而完整的不可分割的体系，按内容属性可分为 7 大类型。因整套《丛书》的出版分批进行，在出版过程中根据实际情况对《丛书》结构做了适当调整，调整后的内容具体如下：

第一类：基础篇。分别是：《许愿标志》《手诀》《巴代法水神咒》《巴代道具法器》《巴代文疏表章》《巴代纸扎纸剪》《巴代音乐》《巴代仪式图片汇编》《湘西苗族民间传统文化丛书通读本》等。

第二类：苗师科仪。分别是：《接龙》（第一、二册），《汉译苗师通鉴》（第一、二、三册），《苗师通鉴》（第一、二、三、四、五、六、七、八册），《苗师"不青"敬日月车祖神科仪》（第一、二、三册），《敬家祖》，《敬雷神》，《吃猪》，《土昂找新亡》。

第三类：客师科仪。分别是：《客师科仪》(第一、二、三、四、五、六、七、八、九、十册)。

第四类：道师科仪。分别是：《道师科仪》(第一、二、三、四、五册)。

第五类：侧记篇之守护者。

第六类：苗族古歌。分别是：《古杂歌》,《古礼歌》,《古阴歌》,《古灰歌》,《古仪歌》,《古玩歌》,《古堂歌》,《古红歌》,《古蓝歌》,《古白歌》,《古人歌》,《汉译苗族古歌》(第一、二册)。

第七类：历代手抄本扫描。

本套《丛书》的出版将为抢救、保护、传承、研究这些濒临灭绝的苗族传统文化打牢基础、搭建平台和提供必需的条件；为研究苗族文化，特别是研究苗族巴代文化学、民族学、民俗学、民族宗教学等，以及这些学科的完善和建设做出贡献；为研究、关注苗族文化的专家学者以及来苗族地区的摄影者提供线索与方便。《丛书》的出版，将有力地填补苗族巴代文化学领域里的空缺和促进苗族传统文明、文化体系的完整，使苗族巴代文化成为中华民族文化大花园中的亮丽一簇。

石寿贵
2020 年秋于中国苗族巴代文化研究中心

前 言

苗族前人留传下来的原生态苗歌，简称"苗族古歌"。它以诗歌传唱的形式真实地记录、传承了苗族的族群史、发展史和文明史，是苗族历史与文化传承的载体、百科全书以及活化石。它原汁原味地展示了苗族人民口口相传的天地形成、人类产生、族群出现、部落纷争、历次迁徙、安家定居、生产生活等从内到外、从表到里的方方面面的历史与文化，是一个体系庞大、种类繁多、内容丰富、意境高远、腔调悠长、千姿百态的文化艺术形式，也是一种苗族人民历来乐于传唱、普及程度很高的文化娱乐方式。

2011 年 5 月 23 日，"苗族古歌"名列国务院公布的第三批国家级非物质文化遗产扩展项目名录；2014 年 6 月，笔者主持的"花垣县苗族巴代文化保护基地"（笔者自家）被湘西土家族苗族自治州政府授牌为"苗族古歌传习所"，2014 年 8 月，被花垣县人民政府授牌为"花垣县董马库乡大洞冲村苗族古歌传习所"。政府的权威认定集中体现了国家对苗族古歌的充分肯定和高度重视。

笔者生活在一个世代传承苗歌之家，八九代人一直都在演唱、创作、传承苗歌。太高祖石共米、石共甲，高祖石仕贵、石仕官，曾祖石明章、石明玉，祖公石永贤、石光，父亲石长先，母亲龙拔孝，大姐石赐兴，大哥石寿山等，都是当时享有名望的大歌师，祖祖辈辈奉行的是"唱歌生、唱歌长、唱歌大、唱歌老、唱歌死、唱歌葬、唱歌祭"的宗旨，对苗歌天生有一种离不开、放不下、丢不得、忘不掉的特殊情感，因而本家祖传的苗歌资料特别丰富。笔者在本家苗歌资料的基础上，又在苗族地区广泛挖掘搜集，进而进行整编译注工作。

我们初步将采集到的苗族古歌编辑成了 635 卷线装本，再按其内容与特色分类编辑成《古灰歌》《古红歌》《古蓝歌》《古白歌》《古人歌》《古杂歌》《古礼歌》《古堂歌》《古玩歌》《古仪歌》《古阴歌》，共 11 本，400 余万字，已被纳入国家出版基金项目，由中南大学出版社出版。这批苗族古歌的问世，将成为海内外学术界研究苗族乃至世界哲学、历史学、文学、语言学、人类学、民族学、民俗学、宗教学等学科不可或缺的基本资料，它们生动地体现了古代苗族独创、独特且博大的历史文化和千姿百态、璀璨缤纷的艺术魅力。

截至目前，我们已经出版了《湘西苗族巴代古歌》《湘西苗族古老歌话》等 4 本苗歌图书。《古灰歌》《古红歌》《古蓝歌》《古白歌》《古人歌》《古杂歌》《古礼歌》《古堂歌》《古玩歌》《古仪歌》《古阴歌》11 本被编入了《湘西苗族民间传统文化丛书》第二辑，本册《古仪歌》是这 11 本中的第 10 本。

苗家的婚姻习俗有些特殊，比如，将新娘家的随嫁前来的客人叫做正客，婆家的前来贺喜的亲戚朋友叫做副客。在婚礼当天，正客和副客齐聚婆家，晚上宾主双方的歌师要通宵达旦地唱歌。第二天早饭后，婆家会在堂屋中摆下婚宴酒席，通常称为"八碗酒"。桌上一般摆有 8 盘猪的五脏肝脏肉，也有糍粑、香烟、花生、瓜子、水果，还有两份香纸蜡烛等物。桌边摆 16 张凳子，娘家的舅爷、引亲娘、背亲小舅子、房族长者、礼郎等主要的 8 人，婆家的媒人、舅爷、房族主要人物、礼郎等也是 8 人，双方共同入席就座。先鸣礼炮，然后由婆家礼郎开言请席，接下来双方开讲古老话，讲姻亲叙话，之后开酒敬天地、敬祖先、敬媒人、敬舅爷、敬引亲娘、敬背亲小舅子、敬六亲、敬大众。8 碗酒分别敬完后，便开始由娘家向婆家的媒人、祖父母、亲家父母、新郎、新郎的哥兄老弟及叔爷伯子、厨房帮手、择日先生、礼郎歌师等送礼。这些礼一般为被子、床单、布匹、衣裤、香烟、肥皂等。每送一件都要唱歌讲古老姻亲话。娘家逐一开礼过后，再由婆家开钱，也是先由媒人开起，再到娘家的舅爷、引亲娘、小舅子、陪嫁的姑娘们、亲家母、亲家公、择日先生、礼郎等，每人都有钱送。在整个坐席的过程中，歌话不断，坐席的人始终不能动凳子，更不能离席。这种仪式成为世代苗族人都必须遵循的一种固定仪式。苗族人对这种仪式特别重视，认为这是牢固婚姻的奠基石、建立幸福和睦家庭的基础、兴旺繁荣的起点。这种仪式场面既热情洋溢，又庄严肃穆、井然有序。在婚姻宴席上所唱的这些歌，就叫做古仪歌。

有几点需要提醒读者朋友们注意。苗族古歌基本上都属于诗歌体裁，但在苗区里基本上是五里不同腔、八里不同韵。本册《古仪歌》保存的资料采集于花垣县双龙镇洞冲村一带，此地属于东部方言第二方言区的语音地，书中的苗语发音虽然采用了类似现代汉语拼音的标注方式，但其实与普通话的发音相去甚远。而且，苗族古歌在口口相传的过程中一直没有定本，一直处在流动不居的演变过程之中。这也是本套丛书的价值所在。因此，在整理编写的过程中，笔者也在最大程度地保留了采集到的资料的原貌。因苗区各地的音腔不同，所以苗族古歌的唱腔也有不同，共几十种。我们搜集到一些唱腔，但只知道极少数歌者的名字，而大多数歌者无法列出，为保持统一，在本部分所示的二维码中，我们没有列出歌者的名字，诚望读者谅解。

目 录

第一章　婚庆酒席歌主人篇

一、唱酒席起缘的歌

1.

度标吉奈洞出岁，

Dub boud jid nanb dongb chub suit，

金筷银桌满碗酒。

Jins kuaib yinb zhoub mand wand jiux.

善蒙昂妙莎摆齐，

Shanb mengd ghax mioud sead biab qit，

就蒙香甜汝味口。

Jiud mengd xiangx tiab rub weib koud.

个个话讲声如雷，

Goub goub huab jiangb shongt rub lieb，

奶奶扑汝几良偷。

Liet liet pub rub jid liangb toub.

扛喂照追出莎拢搭陪，

Gangb wed zhaob zuib chub sead longd tab peib，

婚庆列够莎阿柔。

Hunb qingb lieb goud sead ad roub.

主家相仪要摆席，金筷银桌满碗酒。

肠肝肚肺都摆齐，真的香甜好味口。

个个话讲声如雷，人人都说古根有。

让我在后唱歌来搭陪，婚庆要唱歌几首。

2.

奉请大家要留言，

Fengb qingd dad jiae yaob liub yand，

堂中歌唱欧打然。

Tangb zhongb ged changb out dad rax.

做客送亲到此来，

Zuob keb songb qinb daob cis laib，

龙求剖洞送得拔。

Longd qiub poud dongb songb dex pab.

安梁居住剖浪板，

And liangb jib zhub poud nangd biab，

喜度鹊桥吉苟叉。

Xid dub qiet qiaob jid goud cas.

同图夫守五百年，

Dongb tud fud shoub wud beib niax，

不是姻缘不相仰。

Bub shid yind yuanb bub xiangt yangb.

苟让结婚配团圆，

Goud rangb jieb hund pib tuanb yuanb，

喜爱搭陪吉架萨。

Xid aid dad peib jid jiad sead.

今天不是耍嘴才，

Jins tiand bub shib shuab zuis caix，

不是显能耍嘴马。

Bub shib xians nengb shuab zuis mad.

花烛需要唱歌言，

Huad zhub xud yaob changb ged yans，

麻共老朝吉岔巴。

Mad gongb laob chaob jis chad bas.

列够列除达起见，

Lieb goud lieb chub dad qid jianb，

规矩麻共尼弄阿。

Guid jib manb gongb nit nongb ad.

人众洞萨到耐烦，

Renb zhongb dongb sead daob nand fanb，

想到这情要管他。

Xiangt daob zheb qingb yaob guand tas.

奉请大家要留言，堂中歌唱把歌耍。

做客送亲到此来，来到我村把女嫁。

安梁居住我这边，喜度鹊桥来当家。

二人先修五百年，不是姻缘不相乜。

兄弟结婚配团圆，喜爱搭陪把歌搭。

今天不是耍嘴才，不是显能耍嘴巴。

过礼需要唱歌言，都是老朝留的话。

要唱要讲方成圆，规矩过去定得大。

人众听歌要耐烦，想到这情要管他。

乜：方言，指黏在一起。

二、唱开亲的歌

1.

西虐出秋尼贺喜，

Xid niub xhub qieb nis heb xis，

立头睡扛剖高埋。

Lid toub shuix gangb poud gaox manb.

得兄尼照良王起，

Dex xiongt nit zhaob liangb wangb qis，

梅莎梅度苟拢传。

Meib sead meib dub goud longd chuanb.

生下一男配一女，

Shengd xiab yid nand peib yid nit，

万姓达起配团圆。

Wand xingb dad qid peib tuanb yuanb.

冬豆叉到样法起，

Dongt dout cab daob yangb fas qis，

冬腊叉安告样板。

Dongt lad cad and gaox yangb biad.

古时结婚要贺喜，有书立在说根源。

苗家是从梁王起，有歌有话今来传。

生下一男配一女，万姓这才配团圆。

人间才有这古例，世上才依这样板。

2.

内棍骂狗为前代，

Niex ghunt mab goud weid qianb daib，

后代首单内几冬。

Huob daib shoub dans niex jid dongt.

五姓才苗尼否难，

Wud xingb caib miaob nit woud nand，

阿谷欧巴欧骂共祖宗。

Ad guox out bad out mab gongb zub zongs.

内棍叉苟姓名变，

Niex ghunt cab goud xinb mingb biab，

开亲结义达起浓。

Kib qinb jieb yib dad qis nongb.

龙父凤母为前代，后代才有衍人种。

五姓才苗是他喊，一十二姓共祖宗。

凤母才把姓名变，开亲结义情才浓。

三、唱媒人的歌

1.

盘古开天传知后，

Panb gud kaib tianb chuanb zhid houb，

立照古书到克咱。

Lib zhaob gud shub daob keb zaib.

自古男以女为寿，

Zib gub nanb yis nit weib shoub,

夫妇和睦家又发。

Hub fud heb mut jiab cas fab.

姻缘要等天生就，

Yind yuanb yaob dengs tianb shengd jius,

照寿几见谈几八。

Zhaob shoub jid jianb tanb jid bas.

门当户对把桥豆，

Menx dangs hub duib bad qiaob doub,

欧告莎江久牙雅。

Out gaox sead jiangb jiud yad yab.

费钱费米两三次，

Feib qianb feib mid liangb sanb cib,

当梦送秋意常巴。

Dangb mengb songb qieb yid changb bad.

发家兴旺人才有，

Fab jiab xins wangb renb caib youd,

兴旺发达富贵花。

Xins wangb fab dad fub guib huab.

盘古开天传知后，立在古书不是假。
自古男以女为寿，夫妇和睦家才发。
姻缘要等天生就，称赞不成推不垮。
门当户对把桥斗，两边都愿才成家。
费钱费米两三次，等望一日把女嫁。
发家兴旺人才有，兴旺发达富贵花。

2.

梁文王养个独儿子，

Liangb wenb wangb yangb goub duob erb zid,

奶名尼难梁巴山。

Liet mingb nit nanb liangb bad shanb.

长大林得候内欧，

Zhangs dad liongb dex houb nieb ous，

莫误年青好世界。

Mob wub nianb qiangs haod shid jieb.

请动穆豆西太后，

Qingd dongb mub doub xis taib hout，

有言有请照话埋。

Youb yans youb qings zhaob huab manb.

炒昂平挂阿特酒，

Chaob ghax pingb guad ad ted jiud，

紧吃紧饱吃不完。

Jingd qib jingd baos chib bub wanb.

拢汉棉袍绸褂苟闹苟，

Longs haib mianb paob zhaob guab goud laob goud，

坐上轿子八人抬。

Zuob shangb jiaob zis bab rend taid.

纠内谷乙武王标，

Jiub niex guod yis wus wangb boud，

读拢叉到度麻单。

Dud longd chab daob dub mab dans.

三班老少来得有，

Sand bans laod shaob laid dexb yous，

兄弟堂亲满所愿。

Xiongs dib tangb qins manb suob yanx.

安洞列牙被列苟，

And dongb lieb yab beib lieb goud，

欧奶莎列扛久埋。

Out liet sead lieb gangb jiud manb.

内达起杀猪杀羊代从否，

Neix dad qid shab zhus shab yangb dai congb fous，

王记看起红媒产。

Wangb jib kans qib hongb meib chand.

喜爱度秋佩阿苟，

Xid aib dub quit pib ad goud,

吉油背斗便寸善。

Jib youb bib doud biat cund shait.

头肥耳大尼归否，

Toud feib erd dad nit guid woud,

常猛过秤称得二十三斤酒八盘。

Changs mengd guob chengd chengb dex erb shib sand jind jiux bab piax.

梁文王养个独儿子，奶名叫作梁巴山。

长大要把妻室讨，莫误年轻好世界。

请动穆豆西太后，有言有请你们来。

炒肉请吃一餐酒，紧吃紧饱吃不完。

穿那棉袍绸褂把路走，坐上轿子八人抬。

九天十夜武王留，讨亲才得话真言。

三班老少来得有，兄弟堂亲满所愿。

姐妹二人都要否，两个都要送你来。

他们才杀猪杀羊送媒子，王记看起红媒差。

喜爱亲家一腿留，尾巴长有五寸间。

头肥耳大归媒有，回去过秤称得二十三斤酒八盘。

3.

大的是姐小是妹，

Dab des shid jiet xiaos shid meib,

共父共母两同胞。

Gongb fut gongx mus liangb tongb baod.

两个美女生得佩，

Liangb ges meib nvs shengb des peix,

窝教再拢欧棉袍。

Aos jiaob zaib longb oux mianb paos.

主子重名才起意，

Zhus zis zhongb mix cais qib yid,

克干汝拔窝起抄。

Kes ganb rub pas aos qib chaos.

包乖弄篓花床睡，

Baos guanb nongb lous huas changb shuib,

鸡叫头遍起早早。

Jis jiaos toub bianx qis zaob zaob.

请人到家来坐议，

Qingb renb daob jias laib zuob yis,

否洞埋列阿绒候剖猛打交。

Wous dongb manb liet as rongb houb bous mengb dab jiaos.

路远天长腊照会，

Lub yuans tianb changb las zhaox huis,

自愿炯车苟昂告。

Zis yuanb jiongb ches gous ghangb gaob.

穆豆当便内久单内板地，

Mub dous dangb bias niet jious danb niet bans deix,

西虐出秋嘎养巧。

Xis nueb chub qius gas yangd qiaot.

常拢达起便筐车夸保王记，

Changb longb dax qib bias kuangb chex kuab baos wangx jix,

否卜洞内口楼相空如何搞？

Wous pub dongb niet kous loux xiangb kongb rub heb gaos?

杨五三，怕你一人讲了不为细。

Yangs wud sanb, pab nis yis renb jiangb leb bus weib xix.

狗昂闹帮列欧偶，

Gous gangb naos bangb liet ous out,

内然会苟列欧潮。

Niet ras huib goud liet oud chaob.

太后灵活照苟追，

Taib hous linb huob zhaos goub zuib,

能干聪明嘎养巧。

Nengb ganb congb mingb gas yangb qiaos.

开吹楼门当苟会，

Kais cuib loub menb dangs goub huib,

布竹达共客来早。

Bub zub dab gongb keb laib zaos.

倒水倒茶送他去，

Daox shuid daox chab songb tas qub,

代从内嘎不得了。

Daib congb niet gas bub des liaos.

西太后，

Xis taib hous,

其埋达起出秋扛王记，

Qib manb dax qib chub qius gangb wangb jis,

吉候良王把亲讨。

Jib houb liangb wangx bas qinb taos.

几吼炮头你板地，

Jib houb paob toux nib bans deit,

几万爆竹叮当烧。

Jis wanb paos zub dinb dangs shaos.

杀猪杀羊送他去，

Shab zhus shax yangb songb tas qub,

叉到阿特昂平抄。

Cab daob as tet ghax pinb chaos.

出萨炯岁归老例，

Chus seax jiongb suid guid laos liex,

作来就是红媒搞。

Zuos lais jioub shid hongb meib gaos.

大的是姐小是妹，共父共母两同胞。

两个美女生得配，身上再穿衣棉袍。

主子重名才起意，看见美女心中潮。

夜里不眠不肯睡，鸡叫头遍起早早。

请人到家来坐议，他讲你们要一心把我去打交。

路远天长也要去，自愿坐车扒船艄。

穆豆当五天不到门外地，过去做媒本也巧。

回来他才编话扯夸报皇帝，他讲人家还是不肯许送如何搞？

杨五三，怕你一人讲了不为叙。
猎狗撵肉要两只，媒人走路要两道。
太后灵活在后追，能干好比剃头刀。
开通楼门里面去，开门招呼客来早。
倒水倒茶送他吃，招待客人不得了。
西太后，他们这才作媒送皇帝，帮助梁王把亲讨。
响起爆竹门外地，几万爆竹叮当烧。
杀猪杀羊送他吃，才得一餐肉平搞。
作歌唱来归老例，作来就是红媒了。

4.

言齐虐满浪够寿，
Yanb qit niub manb nangd goub shous,
廖家达寿候炯梅。
Mioud jiab dad shoub houb jiongb meib.
列猛文王浪标求，
Lieb mengb wend wangb nangd boud qiub,
列求武王求小姐。
Lieb qiub wud wangb qiux xiaos jied.
说合成亲达起搂，
Shuod heb chengb qind dad qid loub,
门当户对红庚写。
Menb dangs hub duix hongb gend xies.
姻缘要等天生赐，
Yind yuanb yaob dengx tianb shengd cib,
得就毕得常难内。
Dex jiub bid dex changs nand niex.

要把古典媒人唱，廖家达寿牵马爷。
要去讨亲梁文王，要去武王求小姐。
说合成亲才像样，门当户对红庚写。
姻缘要等天来赐，明年有儿喊娘也。

四、赞嫁妆的歌

1.

剖埋吉难太岁酒，
Poud manb jid nand taib suit jiux，
欧告陪兰照虫兵。
Out gaox poud land zhaob chongb bingb.
扛剖嫁妆包将子，
Gangb poud jiab zhangt baod jiangb zis，
几篓哈汉巴苟恩。
Jix ned haib hab bad goud ghongx.
佩谢扛汉提几溜，
Pid xieb gangb haib tib jid liux，
阿帮人众莎单从。
Ad bangb renb zhongb sead dand zongb.
团占久内莎当欧，
Tuanb zhand jiud niex sead dangb oud，
几拿剖标发财林。
Jib nab poud boud fab caib liongx.
你加够寿浪巴鸟没先弄没求，
Nib jiad goud shoub nangd bad niaob meix xianb nongb meid qius，
告柔见共几拢蒙。
Gaox rout jianb gongb jid longd mengb.

主家相议摆席酒，两姓坐下来陪亲。
送来嫁妆和帐子，前面吊挂帐钩银。
配送新郎样样有，一帮人众都担承。
周边多人娶妻室，没有我家发财兴。
都是搭帮媒人的嘴巴有盐口有油，你的情重记在心。

2.

扛提扛豆剖腊勾，
Gangb tib gangb doub poud lad goud，

迷炮儿拢剖腊梅。

Mib paob jid longd poud lad meib.

卜送窝炯服酒包，

Pub songb aod jiongb hub jiub baob,

埋架服酒莎费列。

Manb jiab hub jiux sead feib lieb.

苟让相蒙到吉口，

Goud rangb xiangt mengb daob jid koub,

早兰要嘎嘎考色。

Zaod lanb yao gad gab kaob sed.

苟休告柔莎相够，

Goub xiub gaox roub sead xiangb goud,

扛喂照追出萨勾难喂。

Gangb wed zhaob zuib chub sead goud nand wed.

送布送礼我们收，几匹递送我也得。

讲到舅爷吃喜酒，你们吃酒也费力。

新郎他也得裤子，配你小价莫可惜。

你们情意记得有，让我在后唱歌来感谢。

3.

好望看人这一种，

Haob wangb kan renb zheb yib zhongb,

几奶出单几奶难。

Jid liet chb dand jib liet nand.

得桶油先明同同，

Dex tongb youb xianb mingb tongd tongd,

内中吉浪照花边。

Niex zhongb jid nangd zhaob huas biand.

佩剖吉溜汝提兵，

Pib poud jib liub rub tib bingb,

许多好布都取来。

Xid duod haob bub doub qid laib.

阿炮扛剖难列从，

Ad paos gangb poud nand lieb zongs,

人等房族都优代。

Rend dengx fangb zus doub youx dait.

都秋阿蒙扛提岭，

Doub qiut ad mengd gangb tib liongb,

阿内吉标扛提先。

Ad niex jib boud gangb tib xianb.

出谢埋再扛汉套挂迷洋窝斗炯，

Chub xiet manb zaib gangb haid taob guab mis yangb aod doud jiongb,

阿柔善子比便台。

Ad roub shait zid bis tiat taib.

扛否号单虐红日梅苟拢，

Gangb woud haob dans niub hongb rid meix goud longd,

咱最几穷吉苟埋。

Zab zuit jib qiongb jib goud manb.

活像长沙大总统，

Heb xiangt changs shab dad zongs tongb,

克否必求大高官。

Keb woud bib qiub dad gaos guand.

快夫到他阿柔拢，

Kuaib fud daob tad ad roub longd,

包抓包卡几敢台。

Baod zhab baod kax jid gand taib.

久总当秋逢他拢，

Jiud zongb dangb qiut fengb tad longd,

几拿剖标到发财。

Jib nab boud boud daob fab caib.

好望看人这一种，哪个做了哪个难。

木桶上油红彤彤，内中坐面装花边。

配客布匹都取拢，许多好布都取来。

一匹要把早饭送，人等房族都优待。

亲家夫妇都看重，配的布匹都新鲜。

新郎你们再送套挂绵洋虎皮红，一套袍子四五件。

让他到了红红日穿得雄，人们见了都称赞。

好像长沙大总统，看他好似大高官。

快活幸福今生中，下街上市不敢谈。

接亲今天多人逢，没有我家得发财。

4.

衣柜钱桶上银竹，

Yid guib qianb tongb shangb yinb zhub,

光挡油先明同同。

Guangb dangb youb xianb mingb tongb tongb.

太照剖标浪堂屋，

Tait zhaob boud boud nangb tangb wub,

你内叉共照埋拢。

Nit niax cab gangb zhaob manb longd.

扛崩茶梅吉高初，

Gangb bangb cab meix jib gaox chub,

雕花欧告龙头弓。

Diaob huab out gaox longd toux gongs.

明当嘎从布见竹，

Mingb dangb gad congb bub jianb zhub,

沐浴洗面达吾兄。

Mub yub xis mianb dad wud xiongd.

枕头够求莎爬崩，

Zhengd toub goud qiub sead pad bengb,

送牙配林久阿充。

Songb yad peib liongb jiud ad chongx.

出内出蒙莎满松，

Chub niex chub mengb sead manb songt,

三班老少完全懂。

Sanb banb laod shaob wanb qianb dongd.

衣柜钱桶上银竹，光挡上油亮到底。
摆在我家的堂屋，昨天抬从你家里。
脸盆脸架都有足，雕花两面龙头美。
每天一亮就享福，沐浴洗面搭热水。
枕头绣花鸳鸯出，花多银钱嫁贵女。
公婆面上都满足，三班老少都欢喜。

5.

州里没有这种货，
Zhoud lis meib youb zheb zhongs huox，
克板通街牙雅偷。
Ked biab tongd jies yas yab toud.
下省通城才买处，
Xiab shend tongd chengx caix maid chus，
浓照上海大码头。
Niongb zhaob shangb haid dab mab toux.
浓见苟车装达吾，
Niongb jianb goud ched zhuangb dad wud，
十吨功力浪车子。
Shib dunb gongb lib nangd cheb zis.
装见跟刀开不不，
Zhuangt jianb gengb daod kait bub bub，
欧乙补内常单标。
Out yib bub niex changs dand boud.
布匹常拢无算数，
Bub pib changs longd wud suanb shub，
送秋吉龙共出苟。
Songb qieb jib nongd gongb chub goud.
佩剖那拢浪佩汝，
Peib boud nad longd nangd peib rub，
实在嘎养汝哈楼。
Shib zaib gad yangb rub had loud.
佩谢达休过绸布，

Peib xiet dad xiub guod choub bub,

再斗阿半拢，

Zaib dous ad banb longd,

件件几安难窝求。

Jianb jianb jib ans nand aod qiub.

缺钱嫁女闹剖屋，

Qieb qianb jiab nit laob boud wub,

要嘎开埋列管否。

Yaob gad kaib manb lieb guans woud.

州里没有这种货，找遍全城都没有。
下省通城才买处，买从上海大码头。
买得装车要上路，十吨功力的车子。
装成开走飞云雾，三天两日转家走。
布匹买回无算数，嫁女你份送到此。
配我一家满房族，实在富贵明堂有。
新郎配了丝绸布，还有这一些啊，统统不知叫啥名。
贴钱嫁女到我屋，少钱开你我脸丑。

6.

出头尼青久阿就，

Chub toub nitt qiongd jiud ad jiub,

嘎从忙叫列几弄。

Gad congs mangb jiaob lieb jid nongb.

抱吾苟紧照窝图，

Baob wud gud jinb zhaob aod tub,

西头单告到苟冬。

Xid toub dand gaox daob goud dongb.

十陀洋纱织成布，

Shib tuob yangb sad zhid chengb bub,

照汉嘎远拿几林。

Zhaob haib gad yuanb nad jib liongb.

闹强没常腊达吾，

Laob qiangb meix changes lad dad wud,
少共见苟会见公。
Shaob gongb jianb goud huib jianb gongt.
内号几卜洞埋尼嫁女送秋到某处,
Niex haob jib pub dongb manb nid jiab nit songb qiut daob moux chut,
尼苟送闹剖浪冬。
Niy goud songb laob boud nang dongt.
佩谢拿拢浪佩汝,
Peid xieb nad longd nangd peid rub,
钱米花费阿充林。
Qianb mid huab feib ad chongb liongb.
养儿讨亲碰大户,
Yangd erd taob qings pengb dad hub,
汉拢本尼窝兰炯。
Haib longd bend nit aod land jiongb.

一年纺纱又织布,早早夜夜都忙行。
浣纱扭干在杆树,组线织布多费神。
十坨洋纱织成布,又要去染在缸心。
赶场取回布无数,抬去嫁女配六亲。
人们见了才问你们是嫁女送亲到某处,报人嫁到我们村。
新郎得了大幸福,钱米花费多人闻。
养儿讨亲碰大户,这些本是娘家情。

7.

苟梅将闹剖浪家,
Goud meid jiangs laob boud nangd jiad,
苟让送通剖浪标。
Goud rangb songb tongd boud nangd boud.
衣柜告桶共几然,
Yid guib gaox tongx gongb jid rax,
当汉银竹红溜溜。
Dangd hais yinb zhub hongb liub liub.

扛汉案书龙告打，

Gangb haid and shub longd gaox dad，

被褥皮上喜龙有。

Beib wud pib shangb xid longb yous.

帐子再扛满口花，

Zhangx zid zaib gangb manb koud huab，

又绣麒麟绣狮子。

Youb xiut qib linb xiub shid zis.

活像金宝结桃花，

Hed xiangb jind baos jieb taob huas，

叫乖内令浪排子。

Jiaob guex niet liongb nangd paib zid.

补内补蒙闹补大，

Bub niex bub mengd laob bub dab，

出谢再扛毛兰头。

Chub xieb zaib gangb maob lanb toud.

扛汉帽子尼龙袜，

Gangb haib maox zis nit longd wax，

好大皮孩都送有。

Haod dad pib haib doud songb youd.

扛否出卡汝猛闹内加，

Gangb woud chub kuab rub mengd laob niex jiab，

吉柔阿休得欧头。

Jid roub ad xiut dex out toud.

尼总克咱周哈哈，

Nit zongb keb zas zhoub had had，

荣华富贵得长久。

Rongb fab fub guib dex zhangs jiud.

单约正月初四拢几然，

Dand yox zhengb yuex chus sib longd jib rax，

出谢养共打吼酒。

Chub xieb yangb gongb dad houb jiux.

求茶常克埋阿家，

Qiub cab changs ked manb ad jiab,

苟茶几见例候头。

Goud cad jib jianb lieb houb toud.

浪养出萨苟蒙沙，

Nangs yangb chub sed goud mengd shad，

见剖浪度照吉久。

Jiab boud nangd dub zhaob jiub jiud.

小姐嫁到我们家，贵女嫁送大儿子。

衣柜木桶都送达，上色银竹红溜溜。

又送案书好又大，被褥皮上喜龙有。

帐子再扛满口花，又绣麒麟绣狮子。

好像金宝接桃花，依照富贵的排子。

礼品百样红光发，新郎从脚送到头。

又送帽子尼龙袜，好大皮鞋都送有。

让他出门在外排子大，穿着好似官爷子。

是人见了笑哈哈，荣华富贵得长久。

到了正月初四来你家，新郎多送几斤酒。

农忙之时可帮大，耕春要来帮人手。

唱歌几句来表达，记我的话在心头。

8.

送秋拢单剖告羊，

Songb qiut longd dand boud gaox yangb，

剖埋吉难炯岁板。

Boud manb jib nanb jiongb suib biab.

江房帐子埋腊扛，

Jiangs fangb zhangx zis manb lax gangt，

几篓哈汉巴苟先。

Jis ned hab hais bad goud xianb.

昂内几没打莽当，

Gahx niex jid miex dad mangb dangs，

昂弄几没当记斩。

Ghax nongb jib miex dangs jib zuans.

鸳鸯老母仪泽将，

Yuand yangb laob mux yix zheb jiangs,

得让投胎吉判满。

Dex rangb toub taid jib biad manx.

蓝田玉种毕得让，

Land tiab yub zhongb bid dex rangb,

接祖成亲周吉年。

Jied zud chengb qingx zhous jid nianx.

送亲来到我家堂，我们两下把席摆。

帐子帐檐白嫁妆，前面金钩挂两边。

夏天没有蚊子挡，冷天没有冷风连。

鸳鸯老母仪泽将，贵子投胎投满满。

蓝田玉种红兰上，接祖承根大喜欢。

五、出嫁分别悲泪的歌

1.

送见剖苟红庚睡，

Songb jianb boud goud hongb genb shuib,

到虐包埋常告阿。

Daob niub baob manb changes gaox ad.

三合选好年月利，

Sand hed xianb haob niab yued lib,

月利相同不是假。

Yued lib xiangb tongb bubs his jiax.

则秋叉拢通埋追，

Zex qiut cad longd tongd manb zuib,

吉豆炮头内腊昂。

Jib doub paob toud niex lad gangb.

苟休几猛腊列记，

Goub xiud jib mengd lad lieb jib,

皮记皮出阿起挂。

Pib jib pib chub ad qis guad.

苟休猛单追板地，

Goud xiud mengd danb zuib biab dis,

得昂拿挂内浪昂。

Dex ghax lad guab niex nangd gangs.

父母不必多悲泪，

Fub mub bub bis duod beid liet,

几奶浪牙几奶加。

Jib liet nang yad jib liet jiad.

皇上公主要成配，

Huangx shangb gongd zhus yaob chengb peib,

板冬浪牙尼陇阿。

Biab dongt nangd yad nit langd ad.

过礼取得红庚回，吉日报到你们家。

三合选好年月吉，月日相同不是假。

迎亲才来到你地，放了爆竹你泪洒。

女儿不走劝她去，边劝边流眼泪花。

女儿走到门边内，她哭似割心肝下。

父母不必多悲泪，哪个女儿都要嫁。

皇上公主要成配，女儿她要成一家。

2.

弄忙则秋龙从从，

Nongb mangb zes quit longs congb congb,

吉豆炮头窝见潮。

Jis dous paob tous aos jianb chaox.

包扛转照窝声拢，

Baos gangb zhuanb zhaob aos shongb longx,

太照比周阶檐飘。

Tais zhaob bis zhous jieb yans piaos.

热情走到你家中，

Roub qingb zous daob nis jias zhongb,

剖内能抽苟斗窝。

Bous niet nengb chos goub doux aos.

酉时将近六点钟,

Yous shid jiangb jinb lius dianb zhongb,

兄狗布纵内茶闹。

Xiangb gous bub zongx niet cab naos.

兄爬浪昂内包猛,

Xiangb pab nangb gahx niet baos mengb,

寨内无人静悄悄。

Zaib niet wub renb jins qiaos qiaob.

单约半夜兄兄拢,

Dans yob baib yeb xiongb xiongb longb,

欧奶内骂溜溜标。

Ous liet niet mas liux liux bous.

兄尼吉包求兄炯,

Xiongb nis jib baos qiux xiongb jiongb,

过了寅时才到卯。

Guos le yinb shid caib daos maos.

阿腊送秋吉难拢,

As las songb qiub jis nanb longb,

休色送吾自休闹。

Xius seb songb wub zis xiub naos.

斗度窝起卜几兵,

Dous dub aos qix pub jis bingb,

召捕阿逃嘎几包。

Zhaos pub as taob gas jib baob.

前晚迎亲来家中,烧那爆竹震天高。
包扛捆在贴纸红,摆在门外阶檐飘。
热情走到你家中,我们饱饭把火烧。
酉时将近六点钟,戌时黑过洗脚了。
到了亥时的当中,寨内无人静悄悄。

半夜子时心事重，父母二人忙开了。
丑时寅时过时空，过了寅时才到卯。
一帮陪亲都来拢，打伞马上出门了。
有话心中讲不准，只有一句费心劳。

六、唱娘家养女苦的歌

1.

当日辛苦娘怀内，

Dangb rb xind kud niangx huand niet,

锐列几能吾几夫。

Ruit lieb jib nongx wed jib hub.

如水下滩很惭愧，

Rub shuib xiab tand hend caib kuit,

公婆心痛苟得土。

Gongb pox xinb tongt goud deb tus.

金盆打水来洗汽，

Jinb pengs dad shuis laib xid qib,

阿虐列酷大奶吾。

Ad niub lieb kud dad lieb wud.

少包飘婆亚飘追，

Shaob baob piaob ned yad piaob zuib,

洽弄梅崩梅西久。

Qiab nongb miex bengd miex xid jius.

苟休首兵见补乙，

Goud xiud shoou bingb jianb bub yis,

抱爬抱嘎苟葡处。

Baod pad baod gas goud pub chus.

满月背往娘家去，

Mand yues beid wangs niangx jiad qis,

常豆不得苟兰酷。

Zhangs daout bub deb goud lanx kus.

嘎婆见孙生美丽，

Gad pox jianb shunb shend meid lib,
就照抱兰周求求。
Jiub zhaob baob lanb zhoub qiub qiub.

当日辛苦娘怀内，饭菜不吃水不喝。
如水下滩很惭愧，公婆心疼莫奈何。
金盆打水来洗手，一天要洗几次多。
又洗前胸洗后背，怕冷包被热乎乎。
婴儿生下三早内，杀猪杀鸡把名做。
满月背往娘家去，要往娘家走外婆。
外婆见孙生美丽，抱在胸前笑呵呵。

2.

告冬休得内苦红，
Gaob dongb xiub des niet kub hongs,
就照报常扛能妈。
Jius zhaob baos changb gahx nengb mas.
能特得昂潮中中，
Nengb tenb des gangs chaob zhongb zhongb,
将这列猛苟得挂。
Jiangb zhet liet mengb gous des guab.
将照摇兰苟吉共，
Jiangb zhaob yaob lans gous jib gongx,
洽弄梅崩梅西洽。
Qiab nongb meis bengb meis xis qiax.
得休然软亚洽弄，
Des xiub rab ruanb yas qiab nongb,
内抱得台得抱卡。
Niet baos des taib des baob kas.
没昂不猛窝堂总，
Meib ghas bub mengb aos tangb zongb,
出昂出让偷苟昂。
Chus ghab chus rangb tous gous ghax.

扛白扛糖都是空，

Gangb bais gangb tangb dous shid kongb,

乙难得苟乙昂抓。

Yus nanb des gous yub ghas zhas.

出内挂得莎单弄，

Chub niet guab des shas danb nongt,

几没阿逃不麻加。

Jis meib as taox bub max jias.

内酷得苟照窝洞，

Niet kub des gous zhaob aos dongb,

得苟莎尼内浪昂。

Des goux shax nib niet nangb ghax.

列得酷内都是空，

Lieb des kub niet dub shib kongb,

尼总完全莎想假。

Nib zongb wanb qians shab xiangb jiax.

幼儿之时母苦累，抱在身边来喂奶。

吃饭之时儿哭泣，放碗要去哄儿来。

将儿放在摇篮内，怕冷又找棉裙盖。

幼儿夜尿怕冷气，娘卧湿来儿卧干。

有时背到客堂里，娇儿故意又哭喊。

送粑运糖不理会，越哄越哭闹翻天。

娘母哄儿出汗水，没有一句骂起来。

母爱小儿在心里，小女都是娘心肝。

要儿孝母不在意，是人完全难理解。

3.

阿虐首得辛苦内，

As niub soud des xinb kub niet,

列酷迷就得叉林。

Lieb kub mib jioub des chas liongb.

补就叉能骂浪白，

Bub jius chab nengb mas nangb baib,
比就会苟列内炯。
Bib jius huib gous lieb niet jiongb.
比便照就内江克,
Bib bias zhaob jiub niet jiangb keb,
七八九岁过了童。
Qib bas jious suib guob leb tongx.
谷就偶浓求帮舍,
Gub jius oub nongb qiub bangb soux,
阿谷欧就留到打油卡打容。
As gub ous jiux lius daob das youx kas dab rongb.
阿谷比就江江尼候内出特,
As gub bib jius jiangb jiangb nib houb niet chub tous,
阿谷照就出苟冬。
As gub zhaob jius chub gous dongt.
长大十八本可也,
Zhangb dab shid bab bengb keb yeb,
送闹内标出内龙。
Songb naob niet boud chub niet nongx.
内骂窝起莎几客,
Nieb mas aos qib shab jis keb,
五梅吉江篓见兄。
Wub meib jib jiangb lous jianb xiangb.

生儿之时辛苦妈,要养儿岁儿长成。
三年才吃父的粑,四岁走路要人引。
四五六岁慢慢大,七八九岁快成人。
十岁割柴上山崖,一十二岁守着牛羊上山岭。
一十四岁仅仅帮得把厨下,一十五岁人很勤。
长大十八一朵花,嫁去婆家做新人。
父母心中放不下,泪水流下哭声吞。

4.

阿从够挂欧从捕，

Ad congx goud guad out congx put,

卜内卜蒙埋浪从。

Pub niex pub mengx manb nangd zongx.

首得受挂拿几苦，

Shoub debx shoub guab lax jid kus,

昂弄弄拢列抄松。

Ghax nongb nongb longd lieb chaot songt.

补就水逃会几五，

Put jiub shuid taob huib jid wus,

单约便就寿几岭。

Dans yox biat jiub shoub jib liongt.

满足七岁送读书，

Mand zuox qid suib songb dux shud,

学习文化安理松。

Xueb xis wand huab anb lid songt.

阿谷打就章林久，

Ad guox dat jiub zhangb liongx jiud,

龙内龙骂列几分。

Longb niex longb mab lieb jib fend.

女嫁男婚传自古，

Nit jiab nanb huns chuans zid gub,

得拔纵尼内浪龙。

Dex pab zongb nit niex nangd longt.

冬豆尼兄龙拢出，

Dongt dout nit xiongd longd longb chub,

就梅吉克阿板冬。

Jiud miex jib ked ad biab dongt.

一层唱过二层数，岳父岳母的恩情。
养儿受过很多苦，一年四季要操心。
三年两岁才学步，到了四岁还要引。

满足七岁送读书，学习文化知礼行。
一十几岁花一朵，离开父母要嫁人。
女嫁男婚传自古，男女总是要结婚。
人间都是这样做，普天之下如此行。

七、打发媒人的歌

1.

难为够寿候儿通，

Nand weid goud shoub houb jid ongb，

娘婆二架叉见兰。

Niangb pob ers jias cas jianb lanb.

为候出兰单误工，

Weid houb chub land dand wud gongb，

巴虐打内腊嘎关。

Bab niub dad niet lad gad guanb.

腊要吾首候开容，

Lad yaob wud shoub houb kaid rongb，

候剖欧告嘎天干。

Houb boud out gaox gas tianb giab.

少共窝考猛干容，

Shaob gongb aod kaod mengd giab rongx，

跑通告告留吾斩。

Paos tongb gaox gaox liub wud zhuanb.

单虐当欧炯吉纵，

Dand niub dangd out jiongb jid zongx，

夫妻恩爱得长远。

Fuq qis end ais dex changs yuanb.

情重几拢蒙媒人，

Qingd zhongb jib longd mengd meib reb，

岔扛柔得柔嘎安。

Cab gangb rout deb rout gad ans.

剖毕几到蒙浪从，

Boud bis jid daob mengd nangd congx，

对人不住没得脸。

Duib rend bub zhub meis ded lians.

佩蒙要照汉礼松，

Peib mengd yaob zhaob haid lis songb，

纵列出起洞嘎关。

Zongb lieb chub qis dongx gad guans.

头板加乙几拢蒙，

Toud biab jiab yis jid longd mengs，

将蒙告求列恩宽。

Jiangb mengd gaox qiub leib end kuans.

难为媒人帮打通，娘婆二家把亲开。

为帮开亲耽误工，丢工了日也莫管。

开渠引水灌田中，帮我二面架天杆。

才拿锄头去开工，开通好井清水源。

到期花烛吉日红，夫妻恩爱得长远。

情重不忘红媒公，代代记情不忘怀。

我们不忘你深情，对人不住没得脸。

配你我们少礼行，总要心里莫要管。

不好意思要宽从，求你面上要恩宽。

2.

勾度难为够寿起，

Goud dub nand weix goud shous qis，

几得洞浓勾萨容。

Jid dex dongs niongb goud sead rongx.

天上无云不下雨，

Tians shangb wud yunx bub xiat yud，

地下无水船不通。

Dib xiab wud shuix chuanb bub tongd.

几通吉当列蒙起，

Jib tongd jib dangb lieb mengd qib，

勾桥架闹剖浪冬。

Goud qiaox jiab laob boud nangd dongt.

报答不了你情义，

Baod dab bub liaob nit qingb yud，

钱当阿分勾几拢。

Qianb dangt ad fent goud jib longd.

好情记在心中里，

Haod qingb jib zaib xins zhongb lid，

产柔吧就久拢丛。

Chans roud bas jiud jiud longd congb.

把话难为媒人起，堂中歌唱谢你言。

天上无云不下雨，地下无水不通船。

你帮两家开亲结了义，把桥架到我一边。

报答不了你情义，钱币一分要莫管。

好情记在心中里，千年万代记心间。

3.

媒人浪久蒙腊休见内苟扛，

Meib erd nangd jiud mengd lab xiud jianb niex goud gangb，

休到内苟筐大炯。

Xiud daob niex goud kuangb dad jiongb.

扛剖开亲来结义，

Gangb boud kaid qib laib jieb yid，

窝兰到汝难久蒙。

Aod lanb daob rub nand jius mengd.

斗桥把你心劳累，

Doud qiaob bab nis xins laob lieb，

昂弄难斩难鸟公。

Ghax nongb nand zhans nand jib gongx.

好情记倒苟笔睡，

Haox qingb jib daob goud bid shuib，

睡照本子充腊充。

Shuib zhaob bend zid chongb lad chongb.

蒙浪良松修猛汝吉追，

Mengd nangs liangb songb xiud mengd rub jid zuib,

炯气古老浪年虫。

Jiongb qis gud laob nangb nianb chongb.

我们空口来难味，

Wod menb kongt koud laix nand weix,

嘎弄卡卡难为蒙。

Gad nongb kad kad nand weib mengb.

扛蒙钱当阿分表心意，

Gangb mengd qianx dangt ad fend biaos xinb yib,

表个心情照号拢。

Biaos guob xind qingb zhaob haob longd.

媒人你也修通道路修整齐，修成道路大又宽。
我们开亲来结义，好亲结下把你难。
修桥把你心劳累，冬夏热冷又熬寒。
好情记在心中内，写在本子书中间。
你的良心修好我们记，坐比古老的寿年。
我们空口来谢你，只用嘴巴把恩感。
送你一分钱来表心意，表个心情在此间。

4.

媒人列捕欧大逃，

Meib renb lieb pub out dad taob,

从头一二苟萨完。

Congx toux yid erb goud sead wanb.

苟动将召照阿告，

Goud dongb jiangb zhaob zhaob ad gaox,

照对打偶球孩先。

Zhaob duis dad oub quid haix xianb.

阿奶得首你阿告，

Ad liet dex shoub nit ad gaox,

两下隔水帮通船。

Liangb xiab geb shuib bangb tongt chuanx.

到秋到兰架蒙到，

Daob qiut daob lanb jiab mengd daob，

嘎弄没求鸟没先。

Gad nongb meix qiub niaox miex xiant.

同将达空锐吉报，

Tongb jiangb dad kongt ruit jib baod，

同那十五到团圆。

Tongb nad shib wud daob tuanb yuanb.

从浓够柔毕几叫，

Congs niongb goud roux bid jid jiaob，

告柔见共几拢埋。

Gaox rout jianb gongb jid longd manb.

媒人要讲两三句，从头一二把歌玩。

工夫丢开不料理，穿烂几双好球鞋。

一个出生一边地，两下隔水帮通船。

两边开亲结了义，嘴巴有油又有盐。

红线牵通两边喜，月到十五得团圆。

你的深情千年记，记在主人心里间。

八、打发娘家舅爷的歌

1.

拢汝窝炯图汝高，

Longd rub aod jiongb tub rub gaox，

汝高发麻图叉林。

Rub gaox fab max tub chab liongx.

人的后辈全堂好，

Renb des houb beis qianb tangb haos，

阿舅自尼把金炯。

Ad jib zhab nit bad jins jiongb.

蒙浪勾休将闹剖阿条，

Mengb nangd goud xiub jiangs laob bout ad tiaob，

蒙架服酒费力林。

Mengd jiab fub jius feib lid liongx.

蒙号红承度汝勾剖包，

Mengd haob hongb chengb dub rub goud boud baos，

单蒙浪度剖满松。

Dand mengd nangd dub boud manb song，

勾扛发千发万不得了，

Goud gangb fab qianb fab wanb bub dex liaod，

福如东海留吾冬。

Fub rud dongs haid liux wud dongt.

扛蒙阿分钱当把心表，

Gangb mengs ad fent qiangx dangb bad xins biaob，

江江汝浓烟阿中。

Jiangs jiangs rub niongb yanb ad zhongx.

越活越到寿年老，

Yed huob yed daob shoub niax laob，

去加古老浪年虫。

Qib jias gud loab nangd niab chongb.

竹好马鞭树菀高，好根发去树才登。

人的后辈全堂好，阿舅就是大树根。

你的孙孙出嫁到，你喝喜酒费力很。

你也奉承吉言把我报，应你的话我满心。

要送发千发万不得了，福如东海水潭深。

送你一分钱币把心表，仅仅只买烟一根。

越活越将寿年老，坐替古老的年成。

2.

窝炯喂卜扛蒙洞，

Aod jiongb weib pub gangb mengd dongt，

卜埋得浓浪阿舅。

Pub manb dex niongb nangd ad jiub.

林炯背高足安虫，

Liongb jiongb beid gaob zub and chongx,

发求窝便豆汝苟。

Fab qiub aod biat dout rub goud.

竹子在园窝拢共，

Zhub zid zaib yanb aod longd gongb,

马鞭高上发竹子。

Mad biad gaox shangb fab zhub zis.

阿葡拢弄发汝红，

Ad pub longd nongb fab rub hongb,

敏汝窝录吉吹苟。

Meid rub aod lus jib cuis goud.

他弄酒席蒙拢炯，

Tad nongb jiud xib mengd longd jiongb,

苟蒙窝求费力抖。

Goud mengd aod qiux feib lib liaob.

开亲剖埋尼麻炯，

Kaid qinb boud manb nit max jiongb,

剖埋欧告见那苟。

Boud manx out gaox jianb nat goud.

再来讲多也无用，

Zaib laib jiangd duos yed wux yongb,

要嘎配蒙列管否。

Yaob gad peib mengd lieb guanb woud.

舅爷我讲送你听，讲这主家的阿舅。
你是婆家的根根，发得大来多丫枝。
竹子在园竹子青，马鞭高上发竹子。
这菀竹子发大很，青绿满园旺气久。
今日酒席你用劲，把你面上费力有。
开亲我们是亲人，我们两面结兄头。
再来讲多也是亲，少礼我们丢了丑。

九、打发引亲娘的歌

1.

打逃卜包引亲娘，

Dad taob pub baob yins qind niangx,

有话难为一点点。

Youd huab nand weix yid dians dians.

儿女高上生满堂，

Erd nit gaod shangx shengd manb tangx,

强半事情才来喊。

Qiangx banb shib qingt caib laib haid.

就标吉伞图窝梁，

Jiud boud jib said tub aod liangx,

到汝内秋叉汝兰。

Daob rub niex qiut cad rub lanb.

同内出茶当克昂，

Tongb niex chub cab dangs ked ghax,

发汝敏录岭才斩。

Fad rub meix nux longb caid zhanb.

送腊汝浪当腊江，

Songb lad rub nangd dangb lad jiangb,

欧告汝秋到汝兰。

Out gaox rub qiut daob rub lanb.

吉口亚要汉子羊，

Jib koud yad yaob haid zis yangb,

阿逃难为话总管。

Ad taob nand weid huas zongb guans.

歌唱又报引亲娘，有话难为一点点。
儿女高上生满堂，前后都好才来喊。
起屋选那好木梁，引亲娘好大发财。
好似耕春望秋粮，发达兴旺到永远。
送也顺是接也当，两家发旺万千年。
少你的礼陪不上，一句难为话总管。

2.

阿图炯秋溜溜苦，

Ad tub jiongb qiut liub liub kud,

辛苦阿图引亲娘。

Xind kud ad tub yins qins niangx.

半夜三更会几补，

Danb yed sanb gengs huix jib bub,

炯勾将闹剖浪当。

Jiongb goud jiangs laob boud nangd dangt.

吾弄抬蒙浪补油，

Wud nongb taib mengd nangd bub youx,

弄篓窝叫莎几羊。

Nongb loud aod jiaob sead jib yangb.

同图松见久几苦，

Tongb tub songx jianb jiud jib kut,

汝图叉山出窝梁。

Rub tub chas chant chub aos liangx.

尼扛蒙阿分得得钱当浓最捕，

Nit gangb mengd ad fens dex dex qianb dangt nongx zuid pub,

汝猛爬凸爬潮配鸳鸯。

Rub mengd pad aod pad chaob peib yad yangb.

爬个达潮虐初初，

Pad goub dad chaob niub chub chub,

好上加好万年长。

Haod shangb jiad haob wand niab changb.

一位引亲娘辛苦，辛苦一个引亲娘。
半夜三更把门出，引那新娘出家乡。
汗水湿透你衣服，浑身汗流如水涨。
你是大厦好梁木，好木好梁家兴旺。
只送你一分钱去买花布，好去绣花绣草绣鸳鸯。
今天你来带福禄，好上加好万年长。

3.

难为内秋浪行上，

Nanb weid niex qiut nangd hangb shangb，

要弄钱色列关否。

Yaob nongb qianb sed lieb guanb woud.

阴功修汝奈几娘，

Yingb gongb xiud rub nand jis niangx，

生下麒麟汝贵子。

Shangd xiab qix linx rub guib nit.

五男二女首出忙，

Wud nand erd nit shoub chub mangb，

毕拿打声包拿缪。

Bid nad dad shongt baod nad mioud.

你出阿标汝榜样，

Nit chub ad boud rub bangb yangb，

炯汝最比亚最缪。

Jiongb rub zuid bid yas zuis mioud.

吉散扛蒙炯勾让，

Jid saib gangb mengd jiongb goud rangb，

蒙炯拔秋会兵勾。

Mengd jiongb pad qiut huib bingb goud.

毕求大朋炯得出阿忙，

Bid qiux dad pengb jiongb deb chub ad mangb，

毕求蜂王炯闹柔。

Bid qiub fangb wangb jiongb laob rout.

拢单候剖勾包将，

Longd dand houb boud goud bao jiangb，

人财两旺得长久。

Rend caib liangb wangb dex zhangs jiud.

毕从几没窝求扛，

Bid congx jid meid aod qiux gangb，

钱当阿分交在手。

Qianb dangb ad fengt jiaos zaib shoub.

婆家浪标做不像，

Pox jias nangb boud zuob bub xiangb,

蒙列宽想远看克儿够。

Mengd lieb kuangb xiangb yuanb kand ked jid goud.

难为引亲的行上，少话填言莫心忧。

阴功修好有福相，生下麒麟好贵子。

五男二女都来养，多如鱼虾海中游。

坐成一家好榜样，五代同堂乐悠悠。

挑选送你引亲帮，你引新娘出门走。

好似蜂蜜桶内的蜂王，好似蜂王一家子。

到边就把被子放，人财两旺得长久。

陪情不起记情上，感谢一句总管头。

婆家主人做不像，你要宽想远看望长久。

4.

莎忙列除引亲娘，

Sead mangd lieb chub yinb qins niangx,

勾度包蒙照拢周。

Goub dub baos mengd zhaob longd zhoub.

儿女高上生满堂，

Erb nit gaox shangb shengd manb tangb,

最闹最半奈蒙友。

Zuib laod zuib biad nand mengd youx.

内汝达起首出帮，

Niex rub dad qid shoub chub bangt,

炯得吉偶求剖标。

Jiongb dex jib ous qiub boud boud.

就标吉山图窝梁，

Jiub boud jib shait tub aod liangx,

汝图话录章汝勾。

Rub tub huat nux zhangs rub goud.

同声窝昂白儿养，

Tongx shongt aod ghax beis jid yangb,

归拿打声包拿缪。

Guib nab das shongt bed nad mious.

开要蒙列嘎儿江，

Kait yaob mengd lieb gad jib jiangs,

亲戚欧告望长久。

Qins qib out gaox wangb zhangs jiud.

歌中要唱引亲娘，把话报你讲得清。

儿女高上生满堂，前后都齐好得很。

五男二女养成帮，全面都好你引亲。

起屋挑选好木梁，好苑好树又好根。

如同群虾满海江，似那鱼群游海深。

辛苦你了话莫讲，亲戚两家记你情。

5.

歌言唱送引亲娘，

Goud yand changes shongb yinb qinb niangx,

吉伞蒙汝阿奶拔。

Jid suand mengd rub ad liet pab.

同图就标伞窝梁，

Tongb tub jiux boud suand aod liangx,

发照背高单窝便。

Fab zhaob bib gaox dans aod biat.

家内吉标汝全堂，

Jiab niex jib boud rub qianb tangb,

告豆汝得亚汝嘎。

Gaox dout rub dex yad rub gad.

头上父母更齐强，

Toub shangb fub mub gangb qid qiangb,

百岁炯通阿吧阿。

Beid suib jiongb tongt ad bad ad.

乙候内出腊乙江，

Yid houb niex chub lad yid jiangs,
发达兴旺同内帮。
Fab dad xins wangb tongx niex bangb.
夫妇同老寿年长，
Fud hub tongb laob shoub niab changs,
窝虐快夫求杀萨。
Aod niub kuaib fud qiux shad sab.

歌言唱送引亲娘，挑选你个好美女。
起屋要选好木梁，发枝发叶从苑起。
家内前后好全堂，膝下好儿又好女。
头上父母更齐强，百岁坐到二十几。
你来引亲是正当，发达兴旺从此去。
夫妇同老寿年长，龙凤朝阳生光辉。

十、打发背亲小舅子的歌

1.

拔秋急内卜阿从，
Bad qiut jid niex pub ad congb,
大标昂蒙嘎想加。
Dad boud ghax mengd gad xiangs jiab.
吉炯内浪妈能林，
Jid jiongb niex nangd mab nongx lingb,
子球高上不离花。
Zid qiub gaos shangb bud lis huab.
牙让兵苟列蒙炯，
Yad rangb bingb goud lieb mangb jiongb,
同故窝图儿北叉。
Tongb gud aob tub jid beid chas.
蒙尼窝宝否尼绒，
Mengd nit aod baod woud nit rongb,
宝会嘎几绒嘎阿。

Baod huib gad jib rongb gad ad.

春天栽树下了根，

Chengd tianb zaib shub xiab liaob gend,

笔得吉白亚通嘎。

Bid dex jib beis yad tongb gad.

见鸟见弄难久炯，

Jianb niaox jianb nongb nand jiud jiongb,

费力当孟汉昂阿。

Feib lib dangb mengd haid ghas ad.

新娘兄弟讲一层，举着火把费力大。

共吃娘奶都长成，子球高上不离花。

妹妹出嫁要你引，好似树木发枝丫。

你是龙宝她龙神，龙神跟着那宝耍。

春天栽树下了根，养儿又把孙来发。

红兰添喜报你们，费力等望不是假。

2.

洞剖勾萨出阿气，

Dongb boud goud sead chub ad qis,

洞喂内然出萨玩。

Dongb wed niex rax chub sad wanb.

弄忙则秋拢单闹埋追，

Nongb mangb zex qiut longd dand laob mand zuib,

勾埋阿忙不安然。

Goub manb ad mangb bub and rax.

时辰到了你们又注意，

Shib chengb daob leb nit mengx youb zhub yid,

急忙把那小姐喊。

Jib mangb bad lad xiaob jies gais.

休闹会单干元弟，

Xiud laob huib dans gans yuanb dib,

跟倒达吾休色先。

Gend daob dad wud xiud sed xianb.

几怕勾梅心劳累，

Jid pad goud mied xins laob lieb，

想照打奶流眼泪。

Xiangb zhaob dad liet liub yand leib.

阿气阿，

Ad qid ad，

陪秋拢单最提提，

Beix qiut longd dand zuid tid tid，

尼纵完全莎拢单。

Nit zongb wanb quanb sead longd dans.

你一句来我一句，

Nit yid jiub laib wod yis jiub，

叉勾蒙得浓棍草免。

Cad goud mengd dex niongb gund caot mianb.

大家要往前头去，

Dad jiad yaob wangb qianb toud qis，

急忙把那时辰赶。

Jid mangb bad nad shid chengd gans.

爬坡翻岭不怕累，

Pad pod fand liongb bub pad lieb，

他欧他叫西几玩。

Tad uot tad jiaob xid jid wand.

拢单剖浪厨房浪久不伶俐，

Longd dand boud nangd chub fangs nangd jius bub lins lid，

出列哭早吉想先。

Chub lieb kux zaos jib xiangt xianb.

埋列忍忍饶饶莫生气，

Manb lieb rend renb raob raob mox shengd qib，

剖浪兵盘几到昂勾板。

Bout nangd bingd paib jid daob ghax goud biab.

配你没有什么配，

Peib nit meix youd shend mos peib，

扛蒙阿分钱当交手边。

Gangb mengd ad fend qianx dangb jiaos shoub biand.

送你带回归家去，

Songb nit daib huib guid jiad qis,

汝闹市场去买烟。

Rub laob shib changs qid maid yanb

告内出工有点累，

Gaod niex chub gongb youd dianb lieb,

坐下服烟把累解。

Zuob xiab hub yans bad lieb jies.

听我把歌唱一会，听我蠢人把歌玩。

前天迎亲才到你家里，把你一夜不安然。

时辰到了你们又注意，急忙把那小姐喊。

动脚走到门边内，马上把伞来打开。

分别姐姐心劳累，想到分别流泪眼。

那时候，陪亲的人都来齐，是人完全都到边。

你一句来我一句，才把你的忧愁免。

大家要往前头去，急忙把那时辰赶。

爬坡翻岭不怕累，汗水流出把衣解。

到边我们厨房厨手不伶俐，还没熟饭来招待。

你们忍忍饶饶莫生气，我们盘中没得肉丝摆。

配你没有什么配，送你一分钱币交手边。

送你带回归家去，好去市场去买烟。

有时做工有点累，坐下吃烟把累解。

3.

难为不秋蒙浪久，

Nand weid bub qiut mengd nangd jius,

从汝久拢你窝起。

Congb rub jiud longd nit aod qis.

得浓内扛蒙留标，

Dex niongb niex gangb mengd liub boud,

勾梅将闹剖让你。

Goud mies jiangs laob boud rangd nit.

汝虐不秋会兵勾，

Rub niub bub qiut huib bingd goud，

吉他两下要分离。

Jid tad liangb xiab yaod fend lis.

几怕纵列加阿柔，

Jid pad zongb lieb jiad ad roux，

吾没吉江同酒吹。

Wud miex jid jiangs tongd jiud cuit.

几列纵草吉加否，

Jid lieb zongb chaob jid jiad woud，

打奶吉打打奶起。

Dad liet jid dab dad liet qis.

西虐强强出阿标，

Xid niub qingx qingx chub ad boud，

将兵内报叉首毕。

Jiangs bings niex baos chas shoub bid.

要当佩蒙自害羞，

Yaod dangs peib mengd zis haid xiud，

自己抱愧在心里。

Zib jis baod kuib zais xind lib.

难为背亲费心劳，好情记在我心内。
男儿守家来敬孝，女儿出嫁才归理。
吉日背亲出门了，出嫁两下要分离。
分别总要把心操，泪眼流下如酒水。
你心悲伤她难熬，各人安慰各自己。
此前一家坐好好，男婚女嫁才发齐。
不要悲痛心莫恼，好情人把心中记。

4.

不秋浪久蒙列洞，

Bud qiut nangd jius mengd lieb dongb，

勾度包蒙照拢周。

Goud dub baod mengs zhaob longs zhous.

勾梅兵竹蒙拢送，

Goud miex biongd zhub mengd longs songb，

送牙勾通剖浪标。

Songb yad goud tongb bout nangd biout.

几炯会单干元龙，

Jid jiongb huib dand gand yuanb longs，

出牙度蒙浪阿斗。

Chub yad dub mengd nangd ad dous.

灯龙火把抓窝穷，

Dengd longd huos bad zhuas aod qiongs，

抓穷穷蒙也要走。

Zhuab qiongd qiongd mengd yed yaob zhous.

开要钱礼管否红，

Kait yaox qianx lid guanb woud hongs，

单玉出起列管否。

Dand yub chub qis lieb guanb woud.

新娘弟兄你要听，把话报你在耳边。

妹子出嫁你来引，送她嫁到我家来。

一同动脚走出门，兄妹一同把手牵。

灯笼火把照得明，烟大熏你也要挨。

招待不周莫怒心，宽宽地想心莫管。

5.

卜牙拔秋浪计内，

Pub yad pad qiut nangd jib niet，

洞喂内共岔包蒙。

Dongb wed niex gongb cas baod mengd.

单虐几怕蒙苟梅，

Dand niub jib pat mengd goud miex，

苟拢送扛剖出龙。

Goud longd songb gangb boud chub longx.

必求那欧浪忙得，

Bid qiux nat out nangd mangb dex，

逢春午未要分明。

Fengx chuns wud weid yaod fens mingb.

会送豆竹自休色，

Huib songb daot zhub zid xius set，

苟让送拢列蒙炯。

Goud rangb songb longd lieb mengd jiongb.

排照窝起莎几克，

Paib zhaob aod qis sead jib ket，

五梅吉江篓见兄。

Wud miex jib jiangs loud jianx xiongt.

斗半斗腊几没为，

Doud band doud lad jib meix weid，

告洞腊矮周那林。

Gaox tongt lad and zhoud nat liongb.

将善斗蒙苟酷内，

Jiangs shait dous mengd goud kus niex，

候扛麻拢酷麻能。

Houb gangb mab nongx kus manx nongx.

嘎忙等望苟休否拢克，

Gad mangb dengx wangb goud xius woud longd kes，

苟梅否炯内浪总。

Gud miex woud jiongb niex nangd zongx.

挂欠列送大奶白，

Guab qianb lieb songb dad liet beid，

酷兰列扛茶苟冬。

Kut lanb lieb gangb cad goud dongt.

又唱新娘的兄弟，听我把话报你听。
到期分别你姐妹，嫁到我村我家门。
好似二月的蜂蜜，逢春午未要分明。
走到门边伞打起，妹妹出嫁要你引。
想在心里不过意，泪水流下心不忍。
出门没有了田地，大田宽地留你们。
孝敬父母望靠你，养老敬孝要用心。
不要等望妹妹娘家回，妹妹她是婆家人。
挂念只送一些礼，要等农闲才走亲。

十一、打发陪亲的歌

1.

阿从卜挂欧从浪，
Ad congb pub guab out chongb nangd,
吉口一占麻陪秋。
Jib koud yid zhans mab peib qiut.
卜召几怕埋加养，
Pub zhaob jib pad manb jiab yangb,
到埋点点莎几服。
Daob manb dianb dianb sead jib hud.
同个得后几白江，
Dongb goud dex houb jid beid jiangs,
难到苟长出阿足。
Nand daob goud changs chub ad zub.
酷骂几走列告昌，
Kut mab jib zoub lieb gaox changs,
好比难到苟长足。
Haod bib nand daob goud changs zub.

一层唱了二层唱，辛苦一些陪亲来。
你们分开心悲伤，好朋好友拆分开。
如同豆腐分了箱，难得合圆做一块。
走亲几时相逢上，好比难得一起来。

2.

辛苦打图勾秋陪，

Xind kud dad tub goud qiut peix，

阿腊培秋阿勾陇。

Ad lad peix qiut ad goud longd.

你忙埋拢作作急，

Nit mangb manb longd zuob zuob jis，

想明拢通剖号拢。

Xiangb mingb longd tongt boud haob longd.

加锐加列嘎斩起，

Jiad ruit jiad lieb gad zhuanb qit，

单意出起关否风。

Dand yid chub qit guanb woud hongb.

陪礼几到求勾陪，

Peib lid jid daob qiub goud beis，

钱当阿分勾几拢。

Qianx dangx ad fent goud jib longd.

汝浓交圈勾转比，

Rub nongb jiaos quanb goud zhuanb bid，

达吾几玩闹追公。

Dad wud jib wangb laob zuib gongt.

尼纵克咱配腊配，

Nit zongb ket zhad peib lad peib，

排子排样拿几浓。

Paib zid paib yangb nad jid niongb.

够寿克咱勾格利，

Goud shoub keb zhas goud gied lix，

各处几兵岔汝凸。

Ged chub jib bingb chab rub aod.

勾牙将闹阿交几，

Goud yad jiangs laob ad jiaos jit，

过信包剖跟倒拢。

Guob xins baod boud gend daos longd.

几炯吉龙出夫记，

Jib jiongb jid longd chub fus jit,

陪情自尼阿瓦拢。

Beib qingb zid nit ad wad longd.

辛苦几位把亲陪，一帮陪亲费力很。

昨夜到家促促急，天还没亮出了门。

饭茶差了不中意，都要耐烦莫怒心。

陪礼没有什么陪，宽想远看心头忍。

你们容貌很美丽，桃花美丽色色新。

是人看见都赞美，排子排样好得很。

媒人见了动心里，各处做媒找爱人。

你们若嫁哪里去，来信报我就来跟。

一路同走把你陪，陪情就是如这等。

3.

陪秋浪久费力红，

Peib qiut nangd jius feib lib hongb,

早尼弄忙包几见。

Zaob nit nongb mangb baob jid jianb.

休闹会单干元拢，

Xiud laob huib dans ghas yuanb longs,

会闹内勾乖干干。

Huib loab niex goud gues ghab ghab.

勾埋难斩亚难弄，

Goud manb nand zhuanb yad nand nongb,

几爬吉从号拢安。

Jid pab jib congb haos longd and.

阿板怕猛阿冬送，

Ad biab pad mengd ad dongb songb,

没度几扑扑几单。

Miex dux jib pub pub jib dand.

想长几走阿勾炯，

Xiangb zhangb jid zoub ad gud jiongb,

当孟那阿昂酷见。

Dangb mengd nat ad ghax ket jianb.

陪亲的人费力很，可怜昨夜睡不安。
昨天你们走出门，夜路道途看不见。
你们受寒又受冷，到边坐卧不安然。
一帮朋友拆开分，有话要讲难见面。
想要相逢都要等，等到正月拜年来。

4.

阿腊陪秋洞喂刚，

Ad lad beib qiut dongd wed gangb,

几得洞浓浪萨休。

Jid deb dongx niongb nangs sead xiud.

坐在家中是一帮，

Zuob zaib jiad zhongb shib yid bangt,

几苦吉龙出阿足。

Jid kut jib longd chub ad zus.

长大各人走一方，

Zhangs dad goux renx zous yid fangd,

阿奶怕闹阿叉吾。

Ad liet pad laob ad chab wud.

同个得后几白江，

Tongb guob dex houb jid baid jiangs,

难到长拢出阿足。

Nand daob zhangs longd chub ad zus.

窝虐挂见叉到长，

Aod niub guab jianb chad daob zhangs,

那阿窝虐叉长足。

Nad ad aob niub chad zhangs zub.

开要埋列嘎加想，

Kaib yaob mand lied gad jias xiangb,

宽想远看才有福。

Kuanb xiangb yuanb kan caib youd fub.

一帮陪亲听我讲，听我又把歌言述。

坐在家中是一帮，朋友相好成一坨。

长大各人嫁一方，一个分开一方住。

好似豆腐分了箱，难得合成做一组。

要到拜年走父乡，正月相遇才知足。

怠慢你们莫歪想，宽想远看才有福。

十二、打发娘家的歌

1.

进喜喂除萨忙容，

Jin xid wed chus sead mangb rongx,

朋够几到窝求友。

Pengb goud jid daob aod quid yous.

扑内扑蒙埋浪从，

Pub niex pub mengd manb nangd congb,

阿虐首得嘎养口。

Ad niub shoub ded gad yangb kous.

勾让否拢扛内炯，

Goud rangb woud longd gangb niex jiongb,

吉飘窝闹通窝斗。

Jib piaod aod laob tongt aod dous.

洽弄跟倒首大凸，

Qiab nongb gend daob shoub dad aod,

莫送冷风片窝否。

Mod songb lengd fengs pianb aod wous.

妈你窝叫能勾容，

Mad nit aod jiaob nongx goud rongx,

背叫浪昂莎炯勾。

Bid jiaob nangd ghax sead jiongb goud.

阿谷打就亚章林，

Ad guox dad jiub yad zhangb liongx,

人才松汝桃花某。

Rend caib songb rub taob huas moux.

勾拢将闹剖浪冬，

Goud longd jiangs laob boud nangd dongt

将闹剖冬剖浪标。

Jiangs laob boud dongt boud nangd boud.

同图章拢扛林林，

Tongb tub zhangs longd gangb lingb lingb,

汝图花录章汝勾。

Rub tub huad lux zhangs rub goud.

毕拿打缪包拿声，

Bid nad dad mious bed nad shongt,

同声窝昂寿出抽。

Tongd shongt aod ghax shoub chub choud.

让斗亚要否浪阿秋浓，

Rangb doud yad yaob woud nangd ad qiut nongb,

揣锐亚要阿让勾。

Liet ruit yad yaob ad rangb goud.

就没吉克阿板冬，

Jiud miex jib ket ad biab dongt,

皇上不能养女子。

Guangb shangd bub nengd yangb nit zid.

再斗大哥大嫂勾酷蒙，

Zaid dous dad goud dad saos goud kut mengd,

勾冬麻让几久投。

Goud dongt mad rangb jid jiud tous.

剖毕几到蒙浪从，

Boud bid jid daob mengd nangd congb,

钱当一分交在手。

Qianb dngt yid fent jiaot zaib shoub.

没昂需要没勾用，

Mied ghax xid yaob mied goud yongb,
肥皂买坨勾茶斗。
Feib zaob maod tuod goud cad dous.

进喜人众听歌云，想唱不能唱几首。
岳父岳母的恩情，儿女生下苦养育。
女儿她来送你引，抚脚摸腿又到手。
怕冷又厚包衣裙，莫送冷风吹打抖。
奶在胸间喂儿饮，膝上肉皮都坐瘦。
一十多岁又长成，人才美似桃花某。
许口嫁到我们村，我家小哥配妻室。
如竹似木发满岭，大树发芽果满枝。
发如鱼虾游海深，如同鱼虾东海游。
这一次打柴少她背一捆，打菜少她一背篓。
抬眼要看世间人，皇上不能养女子。
还有大哥大嫂养你们，工夫有儿有嫂做。
待情不到莫冷心，总要宽想莫忧愁。
深恩难报我知情，钱币一分交在手。

2.

难为阿蒙勾得首，
Nand wied ad mengd goud dex shoub,
要弄加莎难为蒙。
Yaob nongb jiad sead nand weid mengd.
阿虐首得嘎养口，
Ad niub shoub dex gad yangb koud,
列口打就得叉林。
Lieb koud dad jius dex cad lingx.
麻矮蒙够闹吉久，
Mad and mengd goud laob jib jiud,
麻江样扛得勾能。
Mad jiangb yangb gangb dex goud nongx.
背叫就得莎炯勾，

Bid jiaob jiud ded sead jiongb goud,
妈你窝叫能勾容。
Mad nit aod jiaob nongx goud rongb.
首林将闹扛剖标，
Shoub lingb jiangs laob gangb boud boud,
腊召招将将儿分。
Lad zhaob zhaob jiangs jiangs jid fent.
怕得拿挂昂吉久，
Pad deb nad guab ghax jid jius,
拿挂背瓜昂窝蒙。
Nad guab bid guad ghax aod mengx.
同吾窝昂儿北篓，
Dongb wud aod ghax jib baid ned,
毕求忙得儿北凸。
Bid qiub mengd dex jid baid aos.
皇上不能养女子，
Huangb shangb bub nengd yangs nit zis,
水想腊列想儿通。
Shuid xiangt lad lieb xiangt jid tongt.
要当配埋列关否，
Yaob dangb peib manb lieb guanb woud,
剖毕儿加蒙浪从。
Boud bid jib jias mengd nangd congx.

感谢亲家把女育，口才不好难为来。
怀胎十月把苦受，受苦多多十是难。
苦的阿娘吃进口，甜的让送女儿餐。
抱儿腰痛苦膝头，奶在胸喂吃不断。
养大嫁来我家走，忍下心头内分开。
分别如割心肝抖，好似心要抖出来。
如水下海要分流，如同蜜蜂分帮开。
皇上不能养女子，会想也要想得宽。
少钱陪情莫心忧，我们如何把情还。

十三、添加娘家奶钱的歌

阿内阿蒙拿几苦，

Ad niex ad mengd nad jib kus,

恩情很大背苟没。

End qingb hend dad bid goud meix.

要嘎佩埋腊久捕，

Yaob gad pwib manb lad jiud pub,

脸开颜笑周热热。

Lianb kaib yand xiaob zhoux rex rex.

加剖尼汉窝内鲁，

Jiab boud nit haid aod niex nub,

要嘎少礼拢钱色。

Yaob gad shaob lib longd qianb sed.

惭愧无颜加巴都，

Caib kuib wud yuanb jiad bad dous,

陪情陪扛阿吼得。

Peid qingd peid gangb ad houb dex.

公道各人自己出，

Gangd daob ged rend zid jis chub,

弄几出到苟咱内。

Nongb jib chub daob goud zhab niex.

鸟桶扫齐勾扛久，

Niaob tongt saob qit goud gangb jiud,

鸟土扫久当几没。

Niaob tub saob jiud dangb jid miex.

同抓爬叫浪当补，

Tongd zhuab pad jiaob nangd dangt pus,

且昂要且亚长且。

Qiet ghax yaob qiet yad zhangs qiet.

扫到窝角勾拢补，

Saod daob aod jiaob goud longd bub,

头板加乙几拢内。

Toud biab jiay yid jib longd niex.

亲家夫妇十足苦，恩情很大如山也。
少钱来开不作数，脸开颜笑喜迷迷。
我们家贫也不富，少钱少礼把你谢。
惭愧无颜都不顾，陪情陪送一些些。
公道各人自己出，怎么能做送清白。
桶柜扫净不留住，扁桶扫净钱没得。
补锅补匠慢慢补，称肉少秤又加些。
扫得几角拿来补，抱愧无脸不得色。

十四、自愧开少钱的歌

富足出嫁见总有，
Fub zud chub jiab jianb zongb youd，
衣柜钱桶达达奶。
Yid guib qianb tongt dad dad liet.
你内叉共照埋标，
Nit niet cad gongb zhaoob manb boud，
几滚吉昂同单内。
Jid ghunt jid ghax tongb dand niet.
金银宝贝书箱子，
Jin yingb baob beid shub xiangb zis，
内中苟照火铡格。
Niex zhongb goud zhaob huod chuans gied.
数床棉被拿几头，
Shub changb mianb beib lad jib toud，
吉抱面子尼提业。
Jid paob mianb zid nit tib yed.
送牙费力当阿斗，
Songb yad feib lib dangb ad dous，
腊尼那拢配齐彻。
Lad nit nat longd peib qid ched.
舍得做到送得苟，

Shed dex zuob daob songb dex goud，
钱米花费万千百。
Qianb mis huad feib wand qianb baid.
要当开埋列管否，
Yaod dengx kaib manb lieb guanb woud，
出写阿挡列嘎则。
Chub xieb ad dangb lieb gad ces.
开亲不是交朋友，
Kaib qinb bub shid jiaob pengb yous，
剖埋莎尼阿标内。
Boud manb sead nit ad boud niex.
活像阿八背他斗，
Heb xiangb ad bab bid tad dous，
得拔得浓腊尼得。
Dex pad dex niongb lad nit dex.

富足出嫁样样有，衣柜钱桶都有得。
昨日抬从你家走，闪耀光辉胜日月。
金银宝贝书箱子，内中是装金银塞。
数床棉被多得有，面子尽是华达呢。
嫁女费力钱一手，都是这等配齐彻。
舍得贴钱嫁女子，钱米花费万千百。
少钱开你心莫忧，有话在心也莫说。
开亲不是交朋友，我们都是最亲热。
好像一掌的手指，嫁女花费莫可惜。

十五、打发娘家择日先生的歌

1.

阿奶排内莎苦红，
Ad liet paix niex sead kut hongb，
阿图先松溜溜苦。
Ad tub xianb songb liub liub kut.

门弟书香浪得浓，

Menx dis shub xiangt nangd dex niongb，

学问胜读五车书。

Xueb wend shengd dub wud ched shud.

子丑寅卯告度共，

Zid choud yinb maob gaox dub gongt，

大安留连照术数。

Dad and liub lianb zhaob shub shud.

天月二德窝虐虫，

Tianb yued erd dex aod niub chongb，

吉星高照出阿补。

Jid xingb gaox zhaob chub ad bub.

汝虐汝内叉出令，

Rub niub rub niet cad chub liongb，

人财两旺发服夫。

Renb caib liangb wangb fab hun fus.

难为师父照堂纵，

Nand weid shid hud zhaob tangb zongx，

感谢难为照拢久。

Gand xied nand weid zhaob longd jius.

择日先生也苦很，一位先生本也苦。
门第书香的学间，学问胜读五车书。
子丑寅卯来推论，大安留连照术数。
天月二德来相应，吉星高照在堂屋。
好个日子来结亲，人财两旺发满福。
难为师父在堂厅，感谢难为你师父。

2.

够单先松汝江虐，

Goud dand xianb songt rub jiangb niub，

欧求扑单埋先松。

Out qiub pub dand manb xianb songt.

你抱他浪炯抱术，

Nit baod tad nangs jiongb baod shut,

翻头腊纵炯几兵。

Fand toud lad zongb jiongb jid bingx.

候剖算到内麻汝，

Houb bout suanb daob niet max rub,

他拢汝虐剖当龙。

Tad longd rub niub bout dangb longs.

人也发来家也富，

Renb yed fab laix jiad ye fub,

荣华富贵旺千春。

Rongx huax fub guid wangb qianb chund.

汝从见猛阿产就，

Rub congb jianb mengd ad cuant jiub,

产柔吧就久拢从。

Cuant rout bab jiub jiub longd chongb.

礼物小了对不住，

Lid wud xiaod leb duib bub zhub,

表个心情摆照拢。

Biaod goub xins qingd bias zhaob longd.

讲到先生把情述，这里歌唱大先生。

掐着手掌你理熟，翻书注意看得明。

认真算得吉日数，黄道吉日本是真。

人也发来家也富，荣华富贵旺千春。

你也把我来照顾，好情千年记在心。

礼物小了对不住，表个心情礼不清。

十六、唱新娘的歌

1.

斗度拔秋列架捕，

Doud dub pax qiut lieb jiad pub，

喂卜几洽蒙几江。

Wed pub jib qiat mengd jib jiangs.

三从四德立在书，

Sand congx sib deb lid zaib shub，

告浪礼书没头忙。

Gaox nangd lid shub miex toud mangd.

在家由父嫁从夫，

Zaib jiab youd fub jiad congb fub，

久同你内骂吉标浪窝昂。

Jiud tongb nit nieb mab jid boud nangd aod gahx.

孝顺公婆为父母，

Xiaob shund gongb pot weid fub mub，

斗度嘎崩列浪当。

Doud dub gad bengd lieb nangd dangt.

求茶浪昂列候出，

Qiub cad nangd ghax lieb houb chub，

男帮女寸互相帮。

Nand bangb nit cund hub xiangb mangb.

茶渣浪昂列出标，

Cac zhab nangd ghax lieb chub boud，

乖从弟爬列蒙荒。

Guad congb dis pad lieb mengd huangb.

闲空浪昂苟兰古，

Xianb kongb nangd ghax goud lanb gus，

吉龙度崩走一双。

Jib longd dub bengd zoub yid shuangb.

尊敬爷娘炯苟虐，

Zund jund yeb niangx jiongb goud niub，

这是完全理应当。
Zheb shib wanb qianb lid yind dangb.
嘎忙打奶无故会几读，
Gad mangb dad liet wub gus huid jid dub,
出牙嘎搞王家强。
Chub yad gad gaos wangb jiad qiangb.
礼仪道德合当初，
Lin yid daob des hed dangx chut,
才是桂花满园香。
Caid shib guib huas manb yuanb xiangt.

新娘听我歌来述，听我把话对你讲。
三从四德立在书，礼书里面有文章。
在家由父嫁从夫，不同你在父母的家堂。
孝顺公婆为父母，有事夫妻要商量。
农忙之时要帮做，男帮女撑互相帮。
农闲之时要织布，要补衣裤洗烂脏。
闲空之时走父母，夫妻同去走一双。
尊敬爷娘要你主，这是完全理应当。
不要自己无故把门出，都要莫搞忘假场。
礼仪道德合当初，才是桂花满园香。

2.

斗度拔秋列加捕，
Dous dub pas qiub liet jias pub,
喂卜几洽蒙几将。
Weib pub jis qiab mengb jis jiangb.
在家由父嫁从夫，
Zais jias youb fub jiab congb fub,
久同蒙你内骂吉标浪窝昂。
Jius tongb mengb nis niet mas jib bous nangb aos gahx.
剖浪苟让岔蒙尼岔补，
Bous nangb gous rangb cab mengb nib cab bus,

乖从弟爬列蒙方。

Guans congb dib pab liet mengb fangx.

孝敬公婆尊丈夫，

Xiaos jinb gongb pos zenb zhangb fub,

豆度嘎崩列浪当。

Dous dub gas bengb liet nangb dangb.

新娘的歌也要述，我讲不怕你不愿。

在家由父嫁从夫，不同你在父母家中的世界。

我们兄弟找你洗衣裤，黑脏补洗靠你来。

孝敬公婆尊丈夫，双方讲话要耐烦。

3.

拔秋列够欧打逃，

Pas qiub liet gous oub dab taob,

够加够汝嘎几江。

Gous jias gous rub gas jis jiangx.

茶闹候崩猛梅笑，

Cab naos hous bengb mengb meib xiaob,

将照苟娄列浪当。

Jiangb zhaob gous loub lieb nangb dangb.

几瓦叫巴苟吾泡，

Jis wab jiaos bax gous wut paob,

出写阿挡列起筐。

Chub xieb as dangb liet qib kuangx.

要唱新娘的歌言，唱好唱丑请莫管。

洗脚准备鞋袜来，放在公婆的当面。

端起热水倒在先，心里想的要宽宽。

4.

拔秋喂捕扛蒙洞，

Pas qiub weib pub gangb mengb dongb,

萨泡沙蒙列嘎否。

Seax paos shax mengb liet gas woub.

送通内标浪情分，

Songb tongb niet biaos nangb qingb fenx,

样事完全要你知。

Yangb shid wanb qianb yaox nib zhis.

内沙内保蒙列洞，

Nieb shax niet baos mengb liet dongb,

三从四德恩爱有。

Sanb congb sid deb enb ais youx.

父母公婆要孝敬，

Fub mub gongb pos yaob xiaob jinb,

尊敬丈夫合细久。

Zuns jiub zhangb fub heb xib jius.

热水先把爷娘送，

Rous shuid xiangb bas yeb niangb songb,

列扛阿内阿蒙茶起头。

Liet gangb as niet as mengb cab qib toub.

清早莫把婚床困，

Qingb zhaos mob bas hunb changb kuenb,

起暗各人自害羞。

Qib ans geb renb zis hais xious.

哭灶出特列吉红，

Kus zhaos chus teb liet jis hongb,

炒菜着油要轻手。

Chaos caib zhe yous yaob qingb shoud.

打扫堂屋送干净，

Das chaob tangb wub songb gans jinb,

走路轻脚细步走。

Zhous lub qinb jiaos xib bub zous.

没昂酷内嘎儿猛楼红，

Meib ghas kub niet gas jid mengb lous hongb,

紧多不过四五日。

Jins duob bub guob sid wux rib.

新娘抬耳把我听，歌唱要说你心宽。
嫁到夫家的情分，样事完全要你贪。
要讲要说报你们，三从四德恩爱远。
父母公婆要孝信，尊敬丈夫合细点。
热水先把爷娘敬，要让公婆洗打先。
清早莫把婚床困，起迟个人没有脸。
灶房当厨要用劲，炒菜作油要慢点。
打扫堂屋送干净，走路轻脚细步踩。
有时走亲莫去久日很，顶多不过四五天。

5.
兵竹尼到阿胖色，
Bings zhus nib daos as pangb seb,
尼到阿胖得色岭。
Nis daob as pangb des sed liongb.
斗排斗腊几没肥，
Dous paib dous lab jis meib feib,
告洞腊矮周那林。
Gaos dongb las ais zhous nab lingb.
家屋召将仇格内，
Jias wub zhaob jiangb choub geib niet,
见拔送闹剖浪冬。
Jeans pab songb naos boub nangb dongx.

嫁出只得伞一把，只得一把伞绿红。
娘家田地都留下，大田宽地留弟兄。
留下所有家产大，女儿总要把夫从。

6.
拔秋列捕欧补逃，
Pab quit liet pub ous bub taox,

代乙耐烦列洞喂。

Dais yid nais huanb liet dongb weix.

几怕送拢剖阿告，

Jis pab songb longb bous as gaox，

吉追列排洞斗内。

Jis zuis liet paib dongb dous niet.

为人要讲行孝道，

Weib renb yos jiangb xingb xiaob daob，

几没出挂莎浪内。

Jis meib chus guab shax nangb niet.

目连行母为头孝，

Mub liangb xingb mub weib tous xiaob，

虐虐昂内共奶格。

Niub niub ghangb niet gongb niet geb.

王祥卧冰天有照，

Wangb xiangb wob dinb tianb yous zhaob，

抱干抱白缪几喂。

Baob gais baob baib mious jib weix.

花木兰女扮男装精神妙，

Huas mub lans nit bans nans zhangb jingb shengb miaos，

替父从军出林乖。

Teib fub congb jins chus lingb gueis.

为儿为女要礼貌，

Weib erb weis nvb yaos lix maob，

牙要强强苟内克。

Yas yaob qiangb qiangb gous niet keb.

轻言细语卜几疗，

Qingb yuans xib yus pub jis liaox，

嘎他得苟洞楼的。

Gas tas des goub dongb loub des.

扛内度善苟写跳，

Gangb niet dub shanb goub xieb tiaob，

蒙叉荣华富贵崩浪得。

Mengb cab rongb huas fub guis bengb nangb des.

新娘听我歌来报,也要耐烦听我摆。
出嫁接来我家到,后面事情不好管。
为人要讲行孝道,没有做过也听见。
目连行母为头孝,日日哭母烂双眼。
王祥卧冰天有照,冰天雪地鲤鱼翻。
花木兰女扮男装精神妙,替父从军做大官。
为儿为女要礼貌,女儿也要看得宽。
轻言细语讲一套,莫讲脏话是应该。
内心修养要做到,你才荣华富贵得长远。

7.

相劝新娘把歌扯,
Xiangb quanb xins niangx bad guod ched,
洞喂内共岔保蒙。
Dongb wed niex gongb cad baos mengd.
阿气几怕蒙几内,
Ad qis jib pad mengd jib niex,
苟拢送嘎剖浪洞。
Goud longb songb gad boud nangb dongb.
出牙列排洞斗内,
Chub yad lieb paib dongx dous niex,
嘎拢阿气辛苦炯蒙林。
Gad longs ad qib xins kut jiongb mengd lingx.
为人记住三纲者,
Weib rend jid zhub sand gangc zhed,
君臣义重拿苟绒。
Jind chengd yid zhongb nad goud rongb.
父子亲爱是可也,
Fub zid qind aib shib ked yeb,
夫妇尽可顺从容。
Fub hud jinb keb shunb congb rongb.

还要哪里去修写，

Haib yaob nad lid qis xiub xueb，

列求南海拜观音。

Lieb qiub nand hais banb guanb yib.

吉拿打奶苟内克，

Jid nand dad liet goud nieb ket，

嘎扛内骂当克炯草松。

Gad gangb niex mab dangb ket jiongb caos songb.

阿那扛单欧补内，

Ad nat gangb danb out pub niet，

嘎出言而无信不可从。

Gab chub yanb erb wud xins bub ked congb.

聪明牙要本可也，

Congb mingb yad yaob bend ked yes，

安蒙想半同几同。

Anb mengd xiangb banb tongb jib tongb.

相劝新娘把歌扯，歌唱几句让你听。
你和父母来分别，出嫁来到我们村。
女儿要记阿娘些，莫忘当初娘母受苦辛。
为人记住三纲者，君臣父子的实情。
父子亲爱是可也，夫妇尽可顺从行。
还要哪里去施舍，要去南海拜观音。
各人面上好修些，莫让父母等望坐操心。
一月要去两三回，莫做言而无信不可行。
聪明姑娘本可也，不知这话真不真。

十七、唱背亲小舅子的歌

卜牙拔秋浪计内，

Pub yad pad qiut nangd jid niet，

洞喂内共岔包蒙。

Dongb wed niex gongb chad bad mengb.

单虐几怕蒙苟梅，

Dand niub jib pat mengd goud miex，

苟拢送扛剖出龙。

Goud longd songb gangb boud chub longx.

必求那欧浪忙得，

Bid qiux nat out nangd mangb dex，

逢春午未要分明。

Fengx chuns wud weid yaod fens mingb.

会送豆竹自休色，

Huib songb daot zhub zid xius set，

苟让送拢列蒙炯。

Goud rangb songb longd lieb mengd jiongb.

排照窝起莎几克，

Paib zhaob aod qis sead jib ket，

五梅吉江婆见兄。

Wud miex jib jiangs loud jianx xiongt.

斗半斗腊几没为，

Doud band doud lad jib meix weid，

告洞腊矮周那林。

Gaox tongt lad and zhoud nat lingb.

将善斗蒙苟酷内，

Jiangs shait dous mengd goud kus niex，

候扛麻拢酷麻能。

Houb gangb mab nongx kus manx nongx.

嘎忙等望苟休否拢克，

Gad mangb dengx wangb goud xius woud longd kes，

苟梅否炯内浪总。

Gud miex woud jiongb niex nangd zongx.

挂欠列送大奶白，

Guab qianb lieb songb dad liet beid，

酷兰列扛茶苟冬。

Kut lanb lieb gangb cad goud dongt.

又唱新娘的兄弟，听我把话报你听。
到期分别你姐妹，嫁到我村我家门。
好似二月的蜂蜜，逢春午未要分明。
走到门边伞打起，妹妹出嫁要你引。
想在心里不过意，泪水流下心不忍。
出门没有了田地，大田宽地留你们。
孝敬父母望靠你，养老尽孝要用心。
不要等望妹妹娘家回，妹妹她是婆家人。
挂念只送一些礼，要等农闲才走亲。

十八、唱小舅妈的歌

沙牙拔秋浪达嫂，
Sead yad bad qiut nangd dad saob，
吉汝动萨照中缪。
Jib rub dongb sead zhaob zhongb mioux.
丈夫妹妹分别了，
Zhuangb fub meid meid fend bieb les，
家中事务江周某。
Jiab zhongd shib wud jiangb zhoud moud.
孝顺公婆要搞好，
Xiaob shund gongb pox yaob gaod haob，
嘎忙单干帮强几求斗。
Gad mangb dand gand bangb qiangb jib qiub dous.
出内嘎共窝起巧，
Chub niet gad gongb aod qib qiaob，
前朝有例不可修。
Qianb zhaob youd lieb bub koud xiud.
各人门前自打扫，
Guod renb menb qianb zid dad saob，
打奶半弟打奶苟。
Dad liet danb did das liet goud.

家中事务要你抄，

Jiab zhongb shib wud yaod nis chaob，

蒙酷内浪内酷剖。

Mengd kut niet nangd niex kut boud.

几尼照几列包召，

Jid nit zhaob jid lieb baod zhaob，

出起几况写几头。

Chub qid jib kuangt xied jib toud.

公道各人要懂到，

Gongb daob goub renb yaob dongb daob，

幸福到他炯猛楼。

Xind fub daob tad jiongb mengd loub.

歌唱新娘的大嫂，你要听话在耳边。

丈夫妹妹分别了，家中事务要你担。

孝顺公婆要搞好，不要平白无故冒火烟。

做人心里莫起巧，前朝有例不可免。

各人门前自打扫，自己事情自己办。

家中事务要你操，辛苦劳累莫埋怨。

差错的事要改掉，都要宽想远远看。

公道各人要懂到，幸福才能到永远。

十九、唱新郎的歌

1.

斗剖得苟卜大逃，

Doud bout dex goud pub dad taob，

喂卜几洽蒙几候。

Wed pub jib qiad mengd jib houb.

到得到欧耐烦照，

Daob dex daob oud nand fanb zhaob，

嘎忙无故苟内吼。

Gad mangb wud gub goub niex houb.

思想不良要丢掉，

Sid xiangt bub liangb yaob diud diaob,

夫妇同堂万事休。

Fub hud tongb tangb wanb shib xiud.

几内阿苟单忙叫，

Jin niet ad goud dand mangb jiaob,

天要麻黑长闹标。

Tianb yaob manb hied changs loab boud.

出内嘎苟皮气造，

Chub niex gad goub pib qid zaob,

家家如汝管否求。

Jiad jiad rub rub guanb woud qiub.

单久苟冬列吉辽，

Dan jiud goud dongt lieb jib liaob,

互相商量来研究。

Hub xiangt shangb liangb laid yand jiux.

对蒙对喂哈哈笑，

Duib mengd duib wed has has xiaob,

卜度几叟吉年周。

Pub dub jib soud jib niand zhoub.

夫妇顺从莫骄傲，

Fud hub shunb congb mod jiaod aob,

告浪三纲没头抽。

Gaox nangd sand gangb miex toud choud.

酷秋酷兰几炯闹，

Kut qiut kut lans jib jiongb laob,

夫妇和睦一路走。

Fub hub heb mub yis lub zoub.

苟冬几批吉候到，

Goub dongt jib pis jib houb daob,

几娘照几列候头。

Jib niangx zhaob jib lieb houd toub.

嘎忙出汉几善吉矮召阿告，

Gad mangb chub hais jib shait jib and zhaob ad gaob,

几列内谈巴度秋。

Jib lieb niex tib bad dub qiut.

耕读为本最可靠,

Gend dub weis bend zuib ked kaos,

穿吃二字完全有。

Chuans chib erd zis wanb quanx youd.

兄弟要听我来报,我讲要听话罗头。

得了媳妇莫骄傲,不能无故把人吼。

思想不良要丢掉,夫妇同堂万事休。

白天夜晚同一道,天要抹黑转家走。

做人不能脾气躁,细想不要冒火球。

农忙工夫时节到,互相商量来研究。

对你对我哈哈笑,讲话轻言细语有。

夫妇顺从莫骄傲,三纲五常要遵守。

走亲二人一同到,夫妇和睦一路走。

工夫繁忙要帮到,帮助岳丈家里头。

不要做那躲躲闪闪不理料,不要让人谈我丑。

耕读为本最可靠,穿吃二字完全有。

2.

那苟乙蒙浪汝欧当到单久纵,

Nas gous yub mengb nangb rus ous dangb daox dans jioub zongs,

克干候蒙头吉年。

Keis ganb hous mengb tous jib nians.

人想玉藏话想容,

Renb xiangb yus changb huas xiangb rongb,

毕求五山人义单。

Bis qiub wub shuanb renb yus danb.

花街柳巷列嘎兄,

Huas jieb lius gangb liet gas xiongb,

走召汝崩列嘎贪。

Zous zhaob rub bengb liet gas tans.
忙拢苟萨拢沙蒙，
Mangb longb gous seax longb shax mengb,
喂够吉板扛蒙安。
Weib gous jib bans gangb mengb ans.

小兄弟，你的好妻接进你家门，看见大家都喜欢。
相亲相爱情好浓，好似结义在桃园。
花街柳巷莫走行，香花野草不要采。
现在把歌教你们，我要唱送你知全。

3.
日育批兵想蒙尼，
Ris yib pib bingb xiangb mengb nib,
吊到选择浪度友。
Diaos daob xianb zeb nangb dub yous.
埋欧奶崩欧见弄，
Manb ous niet bengb ous jianb nongb,
新元配了梅良玉，
Xingb yuanb peib leb meib liangb yus,
团圆苟照子吕标。
Tuanb yuanb gous zhaos zib lib boux.
没内蒙猛花街会，
Meib niet mengb mengs huas jieb huib,
走召汝崩列嘎偷。
Zous zhaob rub bengb liet gas toub.
列卜埋欧奶崩欧浪情义，
Liet pub manb ous niet bengb ous nangb qingb yis,
会闹号几出阿苟。
Huis naob hais jid chub as goub.

今日成家大满意，依照选择的话讲。
你们两个夫妻，新元配了梅良玉，团圆就在子公养。

有日走过花街内，碰见好花不要想。

要讲你们夫妻二人的情义，走到哪里要一双。

二十、唱妯娌的歌

萨忙沙牙浪欧秋，

Sead mangb sad yad nangd out qiut，

阿那当秋蒙腊到大嫂。

Ad nat dangd qiut mangd lad daob dad saob。

炯牙共苟闹流吾，

Jiongb yad gongb goud laob liub wud，

天晴同去割柴草。

Tianb qingb tongb qid goud caib caob。

出散出茶会兵竹，

Chub sait chub cab huib bingb zhub，

几穷窝得蒙列包。

Jib qingb aod dex mengd lieb baob。

列爬底斗扛不吾，

Lieb pab did doud gangb bub wud，

出列出锐吉候搞。

Chub lieb chub ruit jib houd gaod。

嘎忙纵捕内鲁术，

Gad mangb zongb pub niex lud shub，

出内嘎共窝起巧。

Chub niex gad gongb aod qid qiaos。

到他宽松夫录录，

Daob tad kuanb songb fub lub lub，

全靠各人思想好。

Quanb aob goub rend sid xiangt haob。

单约阿气阿内骂将兵扛内酷，

Dand yox ad qis ad niex mab jiangs bingb gangb niex kut，

牙要蒙你内阿乔。

Yad yao mengd nit niex ad qiaob.

酷兰长闹骂浪足,

Kut lans changs laob mab nangd zus,

酒肉宽待平吃饱。

Jiud roub kuanb daib pingb chis baob.

歌唱新娘妯娌听,兄弟得妻你也得大嫂。

引她挑水到水井,天晴同去割柴草。

生产劳动走出门,不知地名你要教。

喂猪也要来帮衬,煮饭炒菜要帮搞。

不要把那是非论,做人不要起心巧。

凡事都要用公平,全靠各人思想好。

到了那时候父母把你嫁出门,姑娘你去别家了。

那时你转来走亲,酒肉宽待平吃饱。

二十一、唱自家大哥老弟的歌

列沙阿由龙阿翠,

Lieb sead ad youd longd ad cuib,

欧奶内然想几况。

Out liet niex rax xiangt jib kuangt.

水有源头话有意,

Shuib youd yand toud huab youd yib,

这样我来对你讲。

Zheb yangb wod laib duib nit jiangs.

大哥姻缘先成配,

Dad guod yind yuanb xianb chengx peib,

得就单埋吉想莽。

Dex jiud dand manb jib xiangt mangd.

斗埋欧奶照吉追,

Dous manb out liet zhaob jid zuib,

当单叟就候埋当。

Dangb manb soub jiud houb manb dangs.

父母是掌天平吹，

Fub mub shib zhangb tianb pingb cuid，

莎尼五两配半扛。

Sead nit wud liangb peib band gangb.

要讲一团的和气，

Yaob jiangb yid tuanb ded hes qib，

卜度比糖再嘎江。

Pub dub bib tangb zaid gad jiangb.

卜拢保埋尼几尼，

Pub longd baod manb nit jib nit，

代意耐烦号松想。

Daib yid nand fnt haod songb xiangt.

歌唱家里的小弟，大小兄弟听宣扬。
水有源头话有意，这样我来对你讲。
大哥姻缘先成配，明年到你也不忙。
你们二人在后追，往后几年把你当。
父母天平不偏移，都是半斤配五两。
要讲一团的和气，讲话细语甜如糖。
此话不差听过细，也要耐烦好生想。

二十二、唱自家婆婆的歌

内林吉标卜扛动，

Niex liongx jib boud pub gangb dongt，

内共洞喂苟蒙沙。

Niex gongb dongs wed goud mengd sead.

到龙单标莎江红，

Daob longd dand boud sead jiangs hoongb，

茶锐茶这没内茶。

Cad ruit cad zheb miex niex cad.

扛蒙吉交板纵炯，

Gangb mengd jib jiaod biab zongb jiongb，

快夫列候内炯嘎。

Kuain fud lieb houb niex jiongb gad.

天赐麒麟毕嘎浓，

Tianb cib qib linx bid gad niongb，

迷图迷久尼阿那。

Mib tub mib jiud nit ad nat.

龙生龙子凤养凤，

Longd shengd longd zid fengb yangb fengd，

得拔得浓首儿达。

Dex pad dex niongb shoub jib dad.

阿板不浪阿半冲，

Ad biad bub nangd ad bans chongb，

再列浓白浓糖挂。

Zaib lieb niongb bad niongb tangb guad.

嘎休吉标林中中，

Gad xius jib boud lingx zhongb zhongb，

得林排闹学堂阿。

Dex lingx paib laob xued tangb ad.

通情达理窝起明，

Tongb qingb dad lib aod qis miongd，

考到大官坐长沙。

Kaod daob dad guanb zuob changs shab.

接蒙苟猛长沙炯，

Jied mengd gouud mengd changs shab jiongb，

到他宽松周哈哈。

Daob tad kuans songb zhoub had had.

洞喂言萨你堂总，

Tong wed yand sead nit tangb zongb，

完全尼真儿尼假。

Wand quanb nit zhengd jib nit jiab.

婆婆家中你要听，耐烦要听几句话。
得了儿媳你满心，洗菜洗碗有了她。
让你宽心不担承，快活引孙笑哈哈。
不久天就赐麒麟，孙儿几个乐开花。
龙生龙子凤养亲，男儿女儿都成家。
玉种蓝田多儿孙，儿孙高上多有发。
家中孙子要你引，引大送去学堂耍。
通情达理心聪明，考得大官坐长沙。
接你去到长沙城，宽心满意笑哈哈。
听我歌言来奉承，完全是真不是假。

二十三、唱自家公公的歌

吉标阿那洞喂岔，
Jib boud ad nat dongb wed cas,
动浓那林苟萨板。
Dongb niongb nad liongx god seas biad.
他拢到龙苟标嘎，
Tad longd daob longd goud boud gad,
尼总尼内候吉年。
Nit zongb nit niex houb jib niad.
家中事情莫丢下，
Jiab zhongb shib qiangb mob diub xiab,
嘎忙将太窝求腊久管。
Gad mangb jiangb taib aod qiub lad jius guanb.
空闲时间留达爬，
Kongb xiab shib jianb liub dad pab,
互相帮助达起见。
Hub xiangt bangb zhub dad qis jianb.
积肥少包共抱牙，
Qid feib shaob baob gongb baob yad,
为了来年大增产。

Weid leb laib niab dad zunb chanb.

秧花林高章吉他，

Yangb huad lingb gaob zhangs jib tad,

八月秋后谷仓满。

Bab yued quidb houb gub changb manb.

足食丰衣没窝抓，

Zud shib fengd yid miex aod zhab,

没见没嘎没欧先。

Miex jianb miex gad miex oud xiant.

嘎休吉交背照抓，

Gad xiub jib jiaod bid zhaob zhab,

抽列没嘎候窝烟。

Choub lieb miex gad houb aod yant.

充蒙能特几然加，

Chongb mengd nengd teb jid rax jiad,

内难几连吉判满。

Niex nand jib lianb jib paib manb.

他拢埋标否西大，

Tad longd manb boud foud xid dad,

西内苟让拿吾板。

Xid niet goud rangb lad wud biab.

特特服酒会吉麻，

Ted ted hub jiux huib jid miab,

阿吧棍草牙亚解。

Ad bab ghun caod yad yad jies.

干强干抢出内卡，

Gaid qiangx gaid qiangd chub niex kab,

将善吉追没内贪。

Jiangs shuait jib zuib miex niex tanb.

沙蒙汉拢几尼夸，

Sead mengd haid longd jib nit kuab,

到他叉安尼麻单。

Daob tad cad and nit mab dans.

家中公公听歌话，听我几句好歌言。
今天儿媳进了家，是人大众心喜欢。
家中事情莫丢下，不要什么都不管。
空闲守牛帮一下，互相帮助忙得开。
积肥捡粪事也大，为了来年大增产。
田种禾苗有肥撒，八月秋后谷仓满。
足食丰衣富裕家，有钱还有新衣穿。
儿孙满堂笑哈哈，饱饭他们帮装烟。
送你快活讲大话，儿大分家坐满寨。
喊你吃饭去各家，每家每产都来喊。
天天吃酒都醉大，没有忧愁百样解。
赶场做客忙不下，放心乐肠都不管。
我讲这些不是假，全部都是吐真言。

第二章　婚庆酒席歌客人篇

一、客人坐席起歌

1.

原本得拔尼剖浪让送，
Yuanb bongd dex pab nit poud nangd rangb songb，
尼剖嫁送见埋浪。
Nit poud jiab songb jianb manb nangd.
能昂服酒板人众，
Nongx ghax hub jiux biab renb zhongb，
几到窝求扛列让。
Jid daob aod qiub gangb lieb rangb.
板见席酒难剖炯，
Biad jianb xid jiux nanb poud jiongb，
要提要豆佩内浪。
Yaob tid yaob doub peib niex nangd.
害羞出萨你堂总，
Haib xiud chub sead nit tangx zongx，
够汝将埋嘎加想。
Goud rub jiangb manb gad jias xiangt.

女儿是我们家送，嫁送你们家里头。
吃肉吃酒遍人众，没有什么礼物留。
摆成酒席礼仪隆，少布来配我心忧。
害羞歌作堂大众，唱得差了我丢丑。

2.

拢通埋冬送苟梅，

Longd tongt manb dongt songb goud miex,

埋令剖走久同埋。

Manb liongb poud zous jiud tongb manb.

摆见酒席埋难喂，

Band jianb jiux xib mand nanb weid,

皮炯号拢皮收善。

Pid jiongb haob longd pid shout shait.

嫁妆配女腊几没，

Jiat zhuangt pib nid lad jib miex,

各样每得一点点。

Goux yangb meid dex yis dianb dianb.

想召尼难剖浪肥，

Xiangt zhaob nit nand poud nangd feis,

弄几汝乙把口开。

Nongb jib rub yib bad kous kait.

嫁你来到你们村，你们富裕我贫寒。

摆成酒席把我请，边坐这里边抖战。

嫁妆配女少礼行，各样每得一点点。

抱愧自己本家贫，怎好意思把口开。

3.

媒人内单剖腊将，

Meib reb nieb dans poud lad jiangb,

将弄自见埋浪拔。

Jiangb nongb zid jianb manb nangd pad.

插香过礼苟钱当，

Chab xiangt guob lid goud qianb dangb,

家要用齐久牙亚。

Jiab yaob yongb qit jiud yab yas.

得钱用来还老账，

Dex qianb yongb laix haib laob zhuangb,

阿见久苟浓迷花。

Ad jianb jiud goud niongx mib huat.

嫁妆配女不像样,

Jiat zhuangt pib nid bub xiangb yangb,

弄记汝乙弄出萨。

Nongx jib rub yib nongx chub sead.

媒人求亲我们放,放了就嫁到你家。

插香过礼我家堂,穷了把钱都去花。

得钱用来还老账,一点不去买棉花。

嫁妆配女不像样,怎好意思把歌答。

二、唱欠缺嫁妆的歌

1.

送秋剖腊想洞列拢送吉汝,

Songb quit poud lab xiangd dongb lieb longd songb jib rub,

几奶空会空空送牙苟。

Jib liet kongb huib kongt kongt songb yab gous.

几个腊想阿奶葡,

Jib goub lad xiangd ad liet pub,

吉线扛埋扛板标。

Jib xianb gangb manb gangb bias boud.

上场要买几匹布,

Shangx changb yaob maib jid pib bub,

送个新郎样样有。

Songb goub xins nangb yangb yangb youd.

几奶安洞剖号家贫寒苦无靠处,

Jid liet and dongb poud haob jiab pingb haib kud wus kaod chub,

扯破耳朵不到口。

Ched pob ers duod bub daob kous.

浪样腊见八久葡,

Nangd yangb lad jianb bad jius pub,

搞坏名誉丢了丑。

Gaos huaib mingb yib dous leb choud.

嫁女我们也想把那嫁妆做，哪个肯来空空走。

我们也想把名出，礼物要送家家知。

上场要买几匹布，送个新郎样样有。

哪个知道我们家贫寒苦无靠处，扯破耳朵不到口。

这样才丑名声无，搞坏名誉丢了丑。

2.

单虐送得得难内，

Dand niub songb dex dex nanb niex,

否浪嘎弄述苦吾梅容。

Woud nangd gad nongb sub kub wud meib rongx.

否号卜洞开埋几到窝求苟送喂，

Woud haob pub dongx kait manb jid daob aod qiub goud songb weid,

告求洽猛闹内冬。

Gaox qiub qias mengd laob niex dongt.

无故难得东西扯，

Wud gud nand dex dongt xid cheb,

尼固教图喂猛崩。

Nit gud jiaob tud wed mengd bangb.

内骂术情得炯客，

Niex mab shub qingb dex jiongb keb,

吉冲冬欧昂窝声。

Jid chongb dongt out ghat aot shongt.

到期出嫁苦女者，你的口里诉苦泪水流。

她也讲啊你们没有什么嫁我也，穿旧穿烂丢了丑。

我们说无故难得东西扯，若是树皮我去抽。

父母述情无话说，牵手两下哭声忧。

3.

嘎克拔秋浪内骂，

Gad hiet pab quit nangd niex mab，

内骂吉标要家尼。

Niex mab jid boud yaob jiat niex.

克埋闹龙拢埋昂，

Ked manb laob longd longs manb ghax，

当梦否拢出家你。

Dangb mengb woud longd chub jiad niex.

阿柔阿埋号闹剖浪标送见嘎，

Ad roux ad manb haob laob poud nangd boud songb jianb gad，

剖号几没到捕洞者提。

Poud haob jid miex daob pub dongd zheb tid.

空出几到得几扒，

Kongt chub jid daob deb jid bab，

虎落平阳天地吹。

Hub luot pingb yangb tiand dit chuid.

埋列嘎苟媒人他，

Manb lieb gad goud meib renb tab，

吉克得就苟嘎毕。

Jib keid dex jiub goud gad bid.

莫看新娘的父母，父母家中少家业。

要看新娘来你处，等望她来创家起。

那时候你们也来到我家送钱物，我们也没有讲要买布匹。

肯买没有什么做，虎落平阳被犬欺。

你们莫把媒人数，等望明年生子女。

4.

送秋嫁女闹埋追，

Songb qiut jiab nid laob manb zuib，

阿板兰汝把亲接。

Ad biab lanb rub bad qingb jieb.

嫁妆没有人和细，

Jiab zhangs miex youb rend heb xib，

补内补蒙莎几没。

Bub niex bub mengd sead jid meix.

莫想眼前就富贵，

Mod xiangb yand qianb jiud fub guib，

出令几娄意酷得。

Chub liongb jid neb yib kut dex.

被褥帐子告吉追，

Beib rub zhangs zid gaox jis zuib，

出令意常拢全色。

Chub lingb yid changb longd quanb sed.

嫁女来到你家里，婆家方面把亲接。

嫁妆没有任何细，礼物面上都没得。

莫想眼前就富贵，以后发旺过日月。

被褥帐子再补齐，富足以后来填塞。

5.

苟休送拢剖腊几个秀，

Goub xiut songb longd poud lad jid goub xiud，

见弄写固几到扛埋浪。

Jianb nongb xied gud jid daob gangb manb nangb.

录恩录收几然楼，

Lux ghongx lux shoub jid rax loub，

西内召将扛埋候夫养。

Xid niex zhaob jiangb gangb manb houb hud yangb.

剖号长猛达剖楼，

Pou haob zhangs mengd dad poud loub，

苟休召将扛埋浪。

Gooud xiud hzaob jiangb gangb manb nangd.

皮会长猛皮吼油，

Pib huid zhangs mengd pib houb youx，

见埋浪牙你埋让。
Jianb manb nangd yad nit manb rangb.

小女嫁来我们舍不愿，难舍出嫁心也伤。
好似鹅子鸭子丢了蛋，放送你们来扶养。
明天我们动脚回家转，女儿留在你家堂。
边走回家边挂念，成你家人坐你乡。

6.

插香过礼子羊到，
Chab xiangt guob lid zid yangb daob,
卜照出秋转几八。
Pub zhaob chub quit zhuanb jid bas.
亚没白浪亚没潮，
Yad meix beid nangd yad miex chaob,
共害酒楼闹酒卡。
Gongb hab jiux loub laob jiud kad.
过礼外头放喜炮，
Guob lid waid toub fangb xid paob,
吉豆炮头窝见踏。
Jid doub paob toub aod jianb tab.
共朋剖标剖干到，
Gongb pengb poud boud poud giat daob,
平干紧吃阿特阿。
Pingb giab jind qib ad ted ad.
剖腊尼缺少麻能你那照，
Poud las nit qieb shaod mab nongx nit lad zhaob,
虐虐共香闹内扒。
Niub niub gongb xiangt laob niex biad.
迷花阿吼几没到，
Mid huat ad houd jib miex daob,
单虐送秋叉想假。
Dand niub songb quit cad xiangt giad.

佩谢要久提告炮，

Pib xiet yaob jiud tib gaox paob,

补内补蒙闹补大。

Bud niex bud mengd laob bud dat.

礼松清楚做不剖，

Lid songb qingd chus zoub bub daob,

朋出几到得巴扒。

Pengb chub jib daob dex bad biab.

为人就怕瓜瓜叫，

Weib rend jiud pas guad guad jiaob,

哭梅几没斗拿他。

Kut miex jib meix doud lad tad.

插香过礼子羊到，讲到过礼话从前。

米担粮食有不少，抬来甜酒和香烟。

过礼外头放喜炮，礼炮烧得响震天。

抬来我家哈哈笑，平干紧吃那一餐。

我们也青黄不接粮食少，天天都借走村寨。

棉花一点没得到，到期出嫁为了难。

配郎布匹没有靠，欠缺各样礼物免。

礼行清楚做不到，想做没有钱来买。

为人就怕呱呱叫，搞坏名声丢了脸。

7.

媒人内单剖腊将，

Meib renb nied danb poud lad jiangs,

将弄自见埋浪拔。

Jiangs nongb zid jianb manb nangd pab.

插香过礼苟钱当，

Cad xiangt guob lid goud qianb dangb,

家要用齐久牙亚。

Jiab yaob yongb jid jiud yad yas.

得钱用来还老账，

Ddx qianb yongb laib haid laos zhangb,

阿见久苟浓迷花。

Ad jianb jiud goud niongb mid huat.

嫁妆配女不像样，

Jiab zhuangb peib nit bub xiangb yangb,

弄记汝乙弄出萨。

Nongx jid rub yid nongx chub sead.

媒人求亲许口放，放了就走你家人。

插香过礼到家堂，家下贫穷钱花尽。

得钱用来还旧账，棉花没有买半斤。

嫁妆配女不像样，不怕出丑放歌声。

三、辞别婆家的歌

1.

依理言情作歌唱，

Yid lis yanb qingb zuob ged changb,

按照情节唱一点。

And zhaob qingb jied changd yid diand.

歌中不讲别一项，

Guod zhongb bub jiangb bied yid xiangb,

实际列拢卜麻单。

Shid jib lieb longd pub mas dand.

送秋剖拢浪情况，

Songb quit poud longd nangd qingd kuangb,

汝虐送苟闹埋板。

Rub niux songb goud laob manb biab.

嫁妆配女无一样，

Jiad zhuangt peib nit wub yid yangb,

送秋尼会斗几玩。

Songb quid nit huib dous jid wangb.

缺少礼物心中昂，

Qieb shaob lid wub xins zhongb ghax,

抱愧巴都家贫寒。

Baod kuid bad dous jiab pingb haib.

家贫寒苦做不像，

Jiad pingb haib kud zuob bud xiangb,

要见要嘎巴都难。

Yaob jianb yaod gad bad doud nand.

最秋最兰达忙忙，

Zuid quit zuid land dad mangb mangb,

弄儿汝乙拢咱埋。

Nongb jid rub yid longs zaid manb.

度标热情来关望，

Dub boud rax qingb laib guanb wangb,

多谢东家浪高兰。

Duod xieb dongx jiad nangd gaox lanb.

忙拢剖号休闹常猛心不放，

Mangb longd poud haob xiud laob changb mengd xins bud fangb,

苟休召将照埋板。

Goud xiud zhaob jiangb zhaob manb biab.

苟休年记窝就让，

God xiud niand jid aod jiub rangb,

不知礼仪香安全。

Bub zhid lid yis xiangt and qiant.

没昂开否步拢乖包单明丈丈，

Meix ghax kait woud bub longd guat baod dand mingb zhangd zhangd,

希望你们要多喊。

Xid wangb nit mengb yaod duos hand.

知人待客浪航上，

Zhid renb daib ke nangd hangb shangb,

少有礼貌和方言。

Shaod youd lib maob houb fangs yanx.

生成几通腊几当，

Songt chongx jib tongd lad jib dangb,

嘎忙加想洞枉代。

Gad mengb jiad xiangt dongx wangs daid.

标标浪得龙拢样，

Boud boud nangd dex longd longb yangb，

难到完全苟写满。

Nand daob wanx qianx ged xued mand.

列沙列保列小扛，

Lied shab lied baob lied xiaos gangb，

私意嘎出窝起矮。

Sid yid gad chub aod qib anb.

汝苟擂锐让斗求窝帮，

Rud ged lix reid rangx ded qioub aox bangb，

埋列出得，

Manb lied chux det，

从忙将埋嘎出干。

Chong manb jiangd mangd gad chud gand.

君子有容话有量，

Jind zid youd rongb huab youd liangb，

单意出写列难反。

Dand yid chud xued lied nand fand.

在家由其父母放，

Zand jiad youb qib fud mud fangb，

出嫁随从丈夫管。

Chud jianb shuib congs zhangd fud guand.

丈夫莫讲高一丈，

Zhangd fud mox jiangd gaod yid zhangd，

阿睡平等阿养善。

Ad shuib pingb dengd ad yangd sand.

耕读为本家兴旺，

Gend dub weib bengb jiad xind wangd，

发家致富同内单。

Fab jiad zhid fux tongb neix dand.

阿蒙乙，照龙养出写阿挡，列扛拿娘蒙浪起首照蒙来。

Ad mengd eid, zhaox longb yangd chus xied ad tangx, lied gangb nad niangb mengd nangb qid shoux zhaob mengd laib.

依理言情作歌唱，按照情节唱一点。
歌中不讲别一项，实际要讲话真言。
要讲嫁女的情况，黄道吉日是今天。
嫁妆配女没一样，嫁女都是空手来。
缺少礼物心中昂，抱愧自己家贫寒。
家贫寒苦做不像，钱米少了都为难。
是亲都来到家堂，我们面上没得脸。
主家热情来关望，多谢东家看得远。
今天我们动脚回家心不放，女儿留下你一边。
女儿年少行不当，不知礼仪不知全。
有时她也可能睡到大天亮，希望你们要多喊。
知人待客的行上，少有礼貌和方言。
生成不通做不当，不要歪想走枉担。
家家儿媳是这样，难得完全把心满。
要教要说话要讲，私意莫做把心偏。
只好割草打柴上山岗，早夜你们莫冒烟。
君子有容话有量，会想也要想得宽。
在家由其父母放，出嫁随从丈夫管。
丈夫莫讲高一丈，一样平等一样待。
耕读为本家兴旺，发家致富如东海。
阿婆啊，宽想还要多宽想，要和你的一样生从你心肝。

2.

萨忙欧求弄拢说，

Sea mangb oud qioud nengb longb shub,

按照情节唱一首。

And zhaob qingb jied changb yid shoud.

阿气埋苟红庚梅，

Ad qib manb goud hongd gengd meid,

过细选择久几溜。

Guod xib xiand zheb jioud jid lioub.

大利选好天月德，

Dad lib xind haod tiand yeb deib,

黄道吉日请喜酒。

Huangd daob jib red qingd xid jioud.

汝虐送苟闹埋得，

Rub niub songb goud laob mand deib,

安梁进住你埋标。

And liangb jinb zhud nvd manb boud.

忙拢单约窝虐昂几北，

Mangx longd dand yod aod niud ghax jid beit,

将善得让扛埋周。

Jiangb shand deid rangd gangb mand zhoub.

得拔休红香安奶，

Deid pab xud hangd xiangd anb liet,

莎尼得得浪哈篓。

Shad nib deid deid nangd had loub.

久难嘎从水然乖，

Jiud nand gad changx shuix raib gueib,

列难列沙列包否。

Lied nanx lied shad lied bed woud.

出内出蒙列嘎则，

Chub nieb chub mongb lied gat zeid,

列酷扛拿打奶首。

Lieb kux gangd nab dad liet soux.

送牙剖拢内大奶，

Songb yab doub longd neid dad neid,

吉油苟休拢架酒。

Jid youb goub xiud longd guab jioud.

衣柜窝桶莎几没，

Yid guib aod tongd shad jid meib,

家要送秋同送走。

Jias yaob songd qiub tongd songd zous.

包周列出赶不车，

Beb zhoub lied chud gand bub chex,

标汉苟冬几批斗。

Baod hanb goud dongd jid peid dous.

各项欠少礼物缺，

Geb xiangb qiangb shaod lid wub queib,

亚要包炯亚要篓。

Yad yaob bed jiongd yad yaob loud.

要提要豆苟佩谢，

Yaod teib yaod doud goud peib xied,

内蒙配埋要阿够。

Neid mangd pied mand yaod ad goud.

要嘎洽猛苟提这，

Yaod gab qiad mongb goud teib zhed,

扯破耳朵不到口。

Ched pob erd duod bub daob koud.

送见送嘎能久册，

Songb jianb songb gas nongb jiud ceid,

味要麻能出几溜。

Weid yaod mab nongb chub jid lioud.

单虐送苟叉滚格，

Daid niub songb goud chad guongb geit,

抱愧家贫自害羞。

Daob kuix jiad pingx zid hanb xioud.

会苟亚洽吉咱内，

Huid goud yab jiad jid zhad nieb,

哨皮送牙得内周。

Shaod pib songb dyad deid nied zhoub.

久同四下窝兰乖，

Jiud tongb sid xiab aod lanb gueid,

家内宽宏汝吉久。

Jiad nieb kuand huongb rud jid jiud.

不费一千费八百，

Bud huib yid qiand huid bab deib，

应送新郎样样有。

Yingd songd xind nangb yangd yangd youd.

包炯将子莎爬格，

Boud jiongb jiangb zid seas pax geib，

绣起麒麟和狮子。

Xioub qib pib linb huob shid zid.

几滚吉昂同单内，

Jid guengd jid ghax tongb daid nied，

共送扛埋莎白标。

Gongd songd gangb manb shad baix boud.

人生在世有区别，

Rend shend zanb sid youd qud bieb，

内没麻令没麻走。

Nied meib mad liongb meid mad zoud.

埋号昌照兰走值不得，

Mand haob changd zhaos lanb zoud zhid bud deib，

送牙苟埋浪葡秋。

Songd yad goub manb nangb pub qioud.

配见配嘎嘎考岁，

Peib jiand peib guad guad kuaod suid，

召久尼架埋得苟。

Zhaob jiud nid jiab mand deid goud.

得就到嘎拢全色，

Deid jiud daob gad longd qianb shed，

毕拿打声包拿缪。

Bid nab dad shend bed nad moud.

扛埋号享福到他大可得，

Gangd manb haob xiangx fub daob tax dad kuod deid

荣华富贵得长久。

Rongb huab fub guix deid changb jiud.

歌言两句如此说，按照情节唱一首。
那时你取红庚得，过细选择好日子。
大利选好天月德，黄道吉日请喜酒。
吉日送亲你家客，安梁住进家里头。
现在到了日子要分别，放心女儿你家留。
女儿年青不知者，都是小孩的心思。
早上不喊起迟也，要喊要叫莫心忧。
公婆面上宽心些，要爱如同亲女子。
送亲我们到此说，跟脚女儿来饮酒。
衣柜木桶都没得，家下贫穷丢了丑。
被子被套赶不扯，各样工夫不放手。
各项欠少礼物缺，又少嫁妆少被子。
布匹少了配一些，要谢公婆礼没有。
钱少没把布匹扯，扯破耳朵不到口。
送礼钱币用了绝，因为缺粮慌了手。
到期嫁女来做客，抱愧家贫自害羞。
走路怕见人脸色，哨皮嫁女脸出丑。
不比四下客官爷，家内宽宏心无忧。
不费一千费八百，应送新郎样样有。
被套嫁妆绣日月，绣起麒麟和狮子。
光辉彩照透花色，抬送你们家里头。
人生在世有区别，有富有穷都要有。
你们碰着穷亲值不得，嫁女把你名誉丢。
配钱配礼莫可惜，花费都是为儿子。
天降贵子手来接，发如鱼虾海水游。
让你们享福富贵大可得，荣华富贵得长久。

3.
苟休送单通埋追，
Goub quid songb daid tongd manb zhuid,
能抽几扣埋度标。
Nongd chout jid ked manb dub boud.
这棚花儿总有味，

Zhed pongb huad erd zongd youd weib,

同情录忙常归柔。

Tongd qingd lub mangd changb guid roub.

一心留客而有意,

Yid xind lioub ked erd youd yid,

发录贵作迟未久。

Fad lud huid zuob cid weib jioud.

你埋浪标见打乙,

Nid manb nangd boud jiand dad yid,

常猛几奶出茶苟剖首。

Changd mongd jid liet chid cad goud boud soud.

休闹常猛几朋会,

Xioud laob changd mongb jid pongb huid,

苟休召将照埋标。

Goud xiud zhaob jiangb zhaod manb boud.

靠埋候沙候包照吉追,

Kaob manb houb shad houb beb zhaob jid zhuib,

内让提提尼章头。

Nieb rangb tid tid nvd zangd toud.

几安窝得出几尼,

Jid and aod deid chud jid nvd,

单意后沙后保否。

Daid yid hed sad hed baod woud.

明苗顺有天朝内,

Mingd miaob shengb youd tianb chaod nied,

如同毕求打奶首。

Rud tongb bid quid dad led soud.

来到你屋嫁小女,吃饱感谢都家郎。

这朵花儿总有味,如同鸟儿归山岗。

一心留客而有意,有情贵作义也长。

几天坐在你家里,回去哪个肯来把我养。

动脚回家心挂意,女儿留在你们乡。

靠你教育扶养心劳累，女儿年少不懂行。
若有哪里做不对，万般事情你要讲。
明苗顺有天朝内，如同你的亲生养。

4.

拢通埋让送得让，
Longd kengb manb rangd songd deid rangb，
单虐请酒到团圆。
Daid jiud qingd jioud daobtand yanb.
窝然尼兄弄拢样，
Aod rad nvd xiongx nongd longb yangb
久同过去浪礼才。
Jioud tongb guob qid nangb lid chaid.
出谢要久补休扛，
Chud xied yaob jioux bud xiud gangd，
阿蒙要久阿台单。
Ad mangd yaod jioud ad tanb daid.
埋浪首林列苟将，
Mand longb soud longb lied goud jiangb，
剖浪列拢送闹埋标苟酷埋。
Bou longb lied longd songd laob mand boud goud kub manb.
龙拢列发扛白帮，
Longd longb lied fat gangb beid bangb，
扛否毕包楼归埋浪板。
Gangd woud bib bed loud guid manb nangb banb.

做客来到你家堂，主人请酒得团圆。
前朝古例是这样，不同过去的礼才。
缺少礼物送新郎，礼谢公婆少不全。
你们女大也要放，我们女儿也要嫁送你家来。
如此才发又兴旺，让她发达兴旺到千年。

5.

苟休送单埋阿告，

Ged xiud songd daid manb ad gaob，

能列几扣埋度标。

Nong lied jid ked mand dud boud.

浓昂号酒几楼潮，

Niongd ghax haob jioud jid leb chaob，

兰汝费力牙雅偷。

Land rud fuib lid yad yab toub.

丢在水里见个泡，

Dioud zanb shuid lid jiand ged paob，

帮闹记吾干马休。

Bangb laob jid wud ganb mab xiud.

召埋味剖埋腊照，

Zhaod mand weid boub mand lab zhaod，

弟到苟休洞到欧。

Deib daod goud xiud dongb daod oud.

发家吉标同流袍，

Fad jiad jid boub tongb liout paox，

毕拿打声包拿缪。

Bid nad dad shengd boux dad moux.

当秋白冬苟得到，

Dangb qioux beid dongd goub deid daod，

天赐麒麟好贵子。

Tiand chib qud lingb haob guib zhid.

窝炯包常剖阿告，

Aod jiongd bed changb boub ad gaod，

几次架埋拢服酒。

Jid cid jiab manb longd fus jioud.

女儿嫁来你家到，饱饭感谢主人你。
了钱了米花不少，婆家方面费了力。
丢在水里见个泡，扔下水里见泡起。

花了钱米心莫躁，想到你儿得妻室。

发家如同海水潮，发如群鱼群虾子。

明年添喜哈哈笑，天赐麒麟好贵子。

赶快要把外婆报，几次祝贺来吃酒。

6.

同油没内冲那八，

Tongb youb meid nieb changb nad bab，

补拢恩图腊几没。

Bengd nongd nengb tud lad jid meib.

录久阿那加内骂，

Lub jioub ad nad jiad nieb mad，

没有哪样送郎姐。

Meid youb nad yangb songb nangb jied.

送久蒙见内浪牙，

Songd jioud mengb jiand nieb liangb yab，

久同你内骂吉标浪窝内。

Iioud tongb nvd nied mab jid boub nangb aod niet.

你内浪标出散茶，

Nvd nieb langd boud chud suand chuab，

几娄吉麻出标内。

Jid noub jid manb chub boud nied.

打草不锐苟首爬，

Dab chaob bub ruid goud soud pab，

阿内扛到打大特。

Ad nied gangb daod dad dad teib.

余钱剩米苟猛良，

Yud qianb shengb mid goud mengd liad，

靠公内扛火钏格。

Kaob gongb nieb gangd huod chand geix.

项圈把你打大大，

Xiangb qiand bad nid dad dab dab，

汝猛吉抱苟篓内。

Rud mengb jid baob goud ned nieb.

如牛有人来养护，银饰衣裤也都没。
穷了娘家的父母，没有哪样送郎姐。
送了你成婆家妇，不同在父母家里过岁月。
在人家里把活做，勤劳苦做创家业。
打柴割草莫怕苦，养牛喂猪多苦些。
余钱剩米买得出，银饰衣穿都买得。
项圈要打几斤数，好个模样脸有色。

7.

打开格子讲亮话，
Dab kaib geid zid jiangb liangd huab,
喂卜几洽蒙几江。
Weib pub jid qiab mengb jid jiangb.
送久蒙见内浪牙，
Songd jioub mengd jiand nied nangb yad,
久同你标浪窝昂。
Jioud tongd nib doud langd aod ghax.
你内浪标嘎散茶，
Nid nied nangb doud gad shuand chab,
列洞内沙内包浪。
Lied dongd lied shuad lied daod langd.
酷剖长拢你内骂，
Kud doud changb longb nid nied mab,
养你打乙骂话常。
Yangd nid dad yid mad huab changb.
常单吉标列吉岔，
Changd daid jid boud lieb jid chab,
吉吽出家把猪养。
Jid hongb chub jiab bad zhud yangd.
奶奶到出拔秋挂，
Lied lied daod chub pad qioud guab,

百般礼义在心肠。

Beid band lid yid zaid xind changd.

打开格子讲亮话，你听我把话来讲。
送了你要坐夫家，不同父母的家堂。
坐人家里要听话，要听教导公婆讲。
以后来走父母家，多坐几天要回房。
回到家中苦力下，用劲创业把猪养。
辛勤劳苦家才发，百般礼仪在心肠。

8.

白标最内炯出忙，
Beis boud zuib lied jongd chud mangb,
各位亲朋见见单。
Ged weib qingd pengb jiand jiand daid.
根据他拢浪情况，
Gengd jid tab longx nangd qingd kuangb,
不会今来唱一点。
Bub huib jind laib changb yid diand.
几浓娘家浪航上，
Jid niongb niangb jiad nangb hangb shangb,
听出各人没有脸。
Tingb chud guob renb meib youd lianb.
送秋几没求苟扛，
Songd qioud jid meib quid goub gangb,
夜睡家床不闭眼。
Yed shuib jiad changb bub bid yand.
你排抱想见大忙，
Nid panb beb xiangb jianb dab mangb,
家下贫穷世少点。
Jiad xiab pinb qiongb shib shaod dianb.
录久叉见龙拢样，
Lub jioud chab jiand longd liongd yangb,

王记腊没麻走兰。

Wangx jib lab meid mad zoub land.

送拢扛埋承根接祖笔得让，

Songd longb gangb mand chengd gengb jied zhux bid deib rangx，

荣华富贵得长远。

Rongb fab fux guid ded changb yand.

同拢发冬扛白帮，

Tongb liongd fad dongd gangd beid bangb，

同图发冬虐才才。

Tongb tud fax tongd nud chand chand.

无才唱歌不漂亮，

Wud chand changb ged bud paob liangb，

人众出起列嘎关。

Rend zongb chub qid lied gad guanx.

唱谈原本够不上，

Changb tanb yaid bend goub bud shangd，

达赔不上窝兰埋。

Dab peib bud shangb aob lanx mand.

求你众人把我放，

Quid nid zongb rend bad wob fangb，

萨休浪求喂几见。

Sead xiud longb quid weib jid jianb.

众客满家坐一堂，各位亲朋都到边。
根据今天的情况，不会也来唱一点。
要讲娘家的行上，听出各人没有脸。
嫁妆配女无一样，夜睡家床不闭眼。
日日思来夜夜想，家下贫穷是少点。
家里穷了做不像，皇帝也有亲贫寒。
嫁来你家承根接祖得兴旺，荣华富贵得长远。
如同竹园满山岗，好似树木发满山。
无才唱歌不漂亮，人众也要心莫管。
唱谈原本够不上，搭赔不上我本难。

求你众人把我放，我本不会唱歌言。

9.

皮拢炯岁皮加乙，
Pid longb jiongb suid pid jiad yib,
几没阿求扛内浪。
Jid meib ad quid gangb nieb nangd.
嫁妆配女无一配，
Jiab zhangb peib nvd wud yid peib,
想半出起嘎加想。
Xiongd banb chub qit gad jiab xiongd.
养女要帮大富贵，
Yangd nvd yaob bangd dad fud guib,
此言本是古人讲。
Cid yaib bengd shid gux renb jiongd.
欧内补乙埋浪追，
Oud nied pud jid manb nangb zuid,
几扣能半列几让。
Jid keb nengd banb lied jid rangb.
散客常猛休闹会，
Shand ked changb mengd xioud laod huib,
苟休召将周埋浪。
Get xiud zhaob jiongb zhoud manb nangd.
狼当沙保召吉追，
Nangb dangb shad baod zhaob jid zhuix,
得让章内起想章。
Deid rangb zhangd nied qid xiangb zhangd.
千古埋苗行有利，
Qiand gub mand miaob xingd youb lib,
诚心合像亲生养。
Chengb xind hed xiangb qind shend yangd.

边来唱歌边歉意，没有一件礼物当。

嫁妆配女无一配，想遍心头莫歪想。
养女要帮大富贵，此言本是古人讲。
两天三夜你家内，感谢房族遍村庄。
散客回家动脚去，女儿留在你家堂。
靠你教育要过细，女儿年纪未成长。
千古埋苗行有利，诚心要像亲生养。

10.

得休吉想安奶半，
Deid xiub jid xiangs and lied banb,
叉起拢炯埋浪得。
Dab qid longd jiongb mand nangb dieb.
几水休从埋列难，
Jid shuib xioud congd manb lieb nand,
久难抱单打虫内。
Jiud nand beb daid dad chongb neid.
如水得鱼相亲爱，
Rub yub deib shuib xiangb qind aid,
嘎出你巧我傲度几泽。
Gab chud nid qiaob wod aob dub jid cheid.
上天有眼来照看，
Shangb tiand youd yand laib zhaob kand,
达吾腊扛埋首得。
Dab wud lanb gangd mand soud deid.
候埋言萨拿几旦，
Hed mand yanb sead nab jid danb,
比求累包过窝且。
Bid quid lid boud guob aod qied.

新娘没有懂礼面，初来嫁到你家里。
清晨天亮要来喊，不喊她们不醒睡。
如水得鱼相亲爱，莫做心巧乱拿理。
上天有眼来照看，天将贵子就见喜。
奉承几句好辞言，好似谷种过风吹。

11.

杀猪斟酒久林潮，

Sab zhud zhend jioud jiud liongb chaod,

男婚女嫁要成佩。

Nand hund nis jiab yaod chengb peib.

付客最久兰比告，

Fub keb zuib jiud lanx bib gaob,

炮头钱当费久力。

Paos toud qianb dangb huix jiud lid.

嫁妆配女正客要，

Jiab zhangs peib nvd zhend keb yaos,

嘎忙加想召窝起。

Gad mangb jiab xiangd zaob aod qid.

克龙嘎从通忙叫，

Keis nongb gas chongb tongs mangb jiaox,

先列茶晚猛嘎锐。

Xiand lied chab wanb mangb gas reis.

养楼猛板闹猛炮，

Yangd loub mangb banb nuaod mangd paob,

图共纠苟拢花最。

Tus gongb jioub goud longb huad zuib.

天成佳偶苟得到，

Tiand chengb jiab oub gous deis daod,

发拿打缪打声毕。

Fas nad das moud das shenb bid.

窝炯包常剖阿告，

Aos jongd baos changes boud as gaob,

几次架酒大欢喜。

Jis cid jiax jioud das fand xib.

杀猪斟酒花大钱，男婚女嫁要成配。
副客来齐四五面，爆竹礼品都费力。
嫁妆配女正客欠，不想歪想在心里。

要把你的儿媳看，早晚她来服侍你。
谷种撒去到秧田，丰收时节笑嘻嘻。
天成佳偶见孙面，发如鱼虾在海里。
见喜快把外婆报，几次吃酒大欢喜。

12.

浓尼埋克尼召那，
Niongd nieb mand keb nvd zhaob nad,
尼梦打油苟犁者。
Nid mengb das yub goub lib zheb.
嘎想久林阿斗嘎，
Gas xiangb jiud liongb as dous guab,
想单久嘎出家业。
Xiangd dais jiub gas chud jiab yeb.
嫁妆配女无一架，
Jiad zhangb peib nis wud yib jiad,
补内补蒙莎几没。
Bub nied bus mengb seas jid meib.
爹娘寒苦家拆下，
Dies niangb haib kud jiad chanb xiad,
捕西报梅腊咱乖。
Pud xib baob meib las zas nied.
婆家嘎苟媒人他，
Pob jiax gax goud meid renx tas,
出兰卜度见几列。
Chus land pud dub jianb jis lied.
姻缘崩欧同内那，
Yind yuaid bengb ous tongd nied lab,
内那吉无埋欧奶。
Nied lab jid wub manb ous lied.
送加才讨容情话，
Songd jias chanb taod rongb qingd huas,

当克得就苟嘎没。
Dangd kueid deis jioub gous gas meid.

买牛要看力气大，是看耕牛把犁扯。
莫想了多银钱花，想到儿孙旺家业。
嫁妆配女无一架，各样谢礼都没得。
爹娘寒苦家宅下，丢丑脸面全都黑。
婆家莫把媒人骂，不要去把媒人说。
姻缘夫妻情义大，良缘佳偶配日月。
穷了才讨容情话，等望贵子旺家宅。

13.
送巧送加莫生气，
Songd qiaob songd jiad mod shenb qud,
嘎忙单干扛拔秋。
Gas mangb daib gad guangb pab qiout.
年青未知其中意，
Nianx qingd weib zhid qis zongx yid,
几到几干弄剖足。
Jis daos jias ganb nongb boud zus.
龙游浅水遭虾戏，
Longd youb qianx shuid zaos xias xiad,
寒苦叉见龙拢鲁。
Haid kud chab jiand nongd longx nub.
窝声略表唱几句，
Aod shongb nieb biaod changb jid jiub,
实际尼单几尼苦。
Shid jis nib daib jid nis kux.
出兰尼克兰合细，
Chus nieb nis keid land huos xix,
人望长远水长足。
Renb wangb changx yuand shuix changb zhub.

少了嫁妆莫生气，不要冒火在心肠。
年青不知其中意，不知礼仪如何讲。
龙游浅水遭虾戏，寒苦才成了这样。
出声略表唱几句，实际直言这样讲。
我们开亲结了义，人望长久水长流。

四、开媒人的歌

1.

难为够寿候剖出，

Nanb weib gous shoub hed boux chus,

苟弄卡卡难为蒙。

Goud nongb kab kab nanb weix mengb.

候剖岔到汝财主，

Hed bous chab daos rus chaib zhud,

阿豆桥弄尼蒙架闹剖浪冬。

As doud qiaod nongb nid mengb gas laob boud langd dongt.

修汝良松炯苟虐，

Xioud rus liangb songd jiongb gous niub,

列扛蒙炯气古老浪。

Lied gangb mengb jiongb qis gux laod nangb.

嘎让陇毕叟出补，

Gas rengb longs pib soud chud bub,

五子榜上传远名。

Wus zis bangb shangb chanb yuans mingb.

堂内言度几水组，

Tangb niet yuanb dub jis shuig zhus,

告喂浪度蒙叉丛。

Gaob weib niangb dub mengb chas songd.

单虐发财周求求，

Dais niub fas caid zhous qioud qious,

蒙叉相信喂卜灵。

Mengb chab xiangs xinb weib qub lid.

难为媒人把亲做，嘴巴空空谢得深。
帮我找得好财主，这座桥是你架到我家门。
修好良心有好处，要让你还要让你的。
儿孙高上坐满屋，五子榜上传远名。
堂中讲话有原古，依我的话你才信。
到日发财笑乎乎，你才相信我讲灵。

2.

媒人浪久开见内勾扛剖会，

Mei renb nangb jioud kaid jianb nied goub gangb boub huid,

开到内勾筐打金。

Kaid daos nied gous kuangd das gongb.

扛剖开亲来结义，

Gangs boud kais qinb laib jieb yid,

窝兰到汝难久蒙。

Aos lanb daos rud nand jiud mengb.

斗桥把你心蒙累，

Dous qiaob bas nid xind mengd lib,

昂弄奈斩奈鸟公。

Gahx nengd nanb zhans nanb niaob gengd.

良松休猛汝吉追，

Liangb songd xioub mengs rud jid zheib,

炯气古老浪年虫。

Jiongb qis gud laod nangb nianb chongb.

忙陇剖尼空口来难昧，

Mangb nengb boud nis kengd kous laid nand weib,

嘎弄嘎嘎难为蒙。

Gab nengb gas gas nanb weib mengb.

媒人你也修通道路修整齐，修成道路大又宽。
我们开亲来结义，好亲结下把你难。
修桥把你心劳累，冬夏热令又熬寒。
好情记在心中内，写在本子书中间。

你的良心修好我们记，坐比古老的寿年。
我们空口来谢你，只用嘴巴把恩感。

3.

难为够寿候几通，

Nand weib goub soud heb jis tongb,

娘婆二架叉见兰。

Niangb pos ers jiab chas jiand land.

味候出兰单误工，

Weib hes chus lanb dais wub gongt,

巴虐打内腊嘎管。

Bas niud das nied lab gas guand.

腊要吾首候开容，

Las yaob wub soub hes kaib rongb,

候剖欧告嘎天干。

Hes boud ous gaob gas qiand gaid.

叉共窝考猛开工，

Chad hongs aos kod mengs kaid gongs,

剖通告告留吾斩。

Dous tongb gos gos lioub wub zhand.

扛剖养女嫁高门，

Gangb dous yangb nvs jiab gaod menb,

头板到汝阿勾兰。

Toub banb daos rus as goud lant.

窝兰到汝难久蒙，

Aos land daos rus nand jiub mengb,

修汝良松炯头先。

Xioud rus liangb songd jongd toud xians.

感谢媒人帮打通，娘婆二家把亲开。
为帮开亲耽误工，丢工了日也莫管。
开渠引水灌田中，帮我二面架天杆。
才拿锄头去开工，开通好井清水源。

到期花烛吉日红，夫妻恩爱得长远。

情重不忘红媒公，代代记情不忘怀。

五、开婆家舅爷的歌

1.

窝炯喂卜扛蒙洞，

Aos jiongb weid pub gangb mengb dongb，

卜埋得浓浪阿舅。

Pus mand deis niongb nangd as jioub.

林炯背高足安虫，

Liongb jongs beid gaos zhub ans chongb，

发求窝便豆汝苟。

Fad quid aos bat des rub goud.

竹子在园窝拢共，

Zhus zid zanb yanb aos longx gongb，

马鞭高上发竹子。

Mas banb gaod shangb fas zus zid.

阿葡拢弄发汝红，

As rud longb nengb fas rus hongx，

敏汝窝录吉吹苟。

Mingb rus aos niub jis cuib goub.

他弄酒席蒙拢炯，

Tas nongb jioud xid mengd longb jongd，

苟蒙窝求费力抖。

Goud mengs aod quid fuib lix dout.

开亲剖埋尼麻炯，

Kaid qinb boub manb nis mad jiongb，

剖埋欧告见那苟。

Doub mand ous gaod jianb nad goub.

再来讲多也无用，

Zand laib jiangd duos yeb eus yongb，

要嘎配蒙列管否。

Yaod gas peib mend lieb guanb woub.

舅爷我讲送你听，讲你婆家的阿舅。
树苑大了树大根，发达兴旺又长久。
竹子在园根很深，马鞭高上发竹子。
这园竹子发达很，四季长发青悠悠。
今天酒席你大人，把你面上费力有。
开亲我们都亲近，我们两面成兄头。
再来讲多也无信，少钱来谢心莫忧。

2.

萨莽够扛内窝炯，
Shas mangb goud gangb nies aos jongd，
后辈窝炯背高头。
Houb beib aos jongd beis gaod toub.
埋浪吉标汝打绒，
Mand niangb jid boud rud das rongb，
青龙高上竖围有。
Qingd longb gaos shangb shub weib youd.
叉扛窝免发拢章林林，
Chas gangb aos tub fad longd zhangb liongb liongb，
真是马鞭发竹子。
Zhens shid mab biand fad zhus zid.
花烛告求包单蒙，
Huad zhub aob quib baod daid mengd，
几次费力拢架酒。
Jid cis huix lix longd jiax jioud.
龙虎大驾你拢冬，
Longd fus das jiab nid longx dongx，
林内林总莎林偷。
Liongb nied liongb zongb shad liongb toub.
剖腊对人不住闹亲朋，
Boub lab deib renb bub zhub laob qind pongb，

总列出起洞管否。
Zongd lieb chus qis ongb guans woud.

歌言唱送舅爷听，后辈舅爷大高头。
你们家里好龙神，青龙高上竖桅有。
才让竹笋发来大大根，真是马鞭发竹子。
花烛喜酒你来饮，几次费力来吃酒。
龙虎大架大得很，资格很大如山头。
我们对人不住到朋亲，宽想远看心莫忧。

六、开婆家祖公祖婆的歌

1.

欧求卜单喂阿打，
Oud quix bub dais weib as das,
阿大欧奶出阿苟。
As dat oud lies chud as goud.
家中万事靠你拿，
Jias zongb wanb shid kaob nis nab,
蒙尼窝梁牛洞标。
Mengb nib aos liangb nioub dongx boud.
蒙到嘎让拢当家，
Mengd daob gad rangb longd dangt jiad,
实在几叟吉研周。
Shid zanb jid sout jib yians zhoud.
得就再列人口发，
Deix jiud zanb lieb renb koud fab,
添个麒麟贵孙子。
Qiand get qud linb guib sengd zid.
莫看今天的打发，
Mod kanb jins tians des das fad,
德高望重克几够。
Deis gaod wangb zhongb kes jid goub.

歌言唱出把歌耍，外公外婆唱一首。
家中万事靠你拿，你是栋梁大柱头。
你得孙媳来当家，实在天大的喜事。
明年就要人口发，添个麒麟贵孙子。
莫看今天的打发，德高望重望长久。

2.

听我把歌唱一遍，
Tingd wod bab ges changb yis bianb，
关够打逃照拢洞。
Guand goud das tuob zhaob longb dongb.
送秋拢单埋告占，
Songd qius longb dais mand gaob zanb，
欢乐喜笑在心中。
Fans led xib xiaod zand xind zongd.
扑单阿婆阿爷浪方面，
Pud daid as pob as yex langd fangd manb，
敬老行孝剖腊懂。
Jinb laod xingd xiaob boub lax dongt.
剖腊家贫寒苦礼物欠，
Boub lab jiad pingb huanb kud lit wud qied，
几到窝求苟几拢。
Jis daob aos qiud goub jid longb.
蒙列宽宽地想远远看，
Mengd lieb kuand kuand des xiangd yanb yanb kand，
出汝几篓意毕从。
Chus rub jis ned yib pib congb.

听我把歌唱一遍，也唱几句表亲浓。
嫁女我到你家来，欢乐喜笑在心中。
讲到阿婆阿爷的方面，敬老行孝剖腊懂。
我们家贫寒苦礼物欠，没有什么礼物送。
你要宽宽地想远远看，富足以后再担从。

七、开亲家夫妇的歌

1.

卜单阿内和阿蒙，

Pub dais as nies hed as mengb,

欧奶欧图费心烈。

Ous nieb ous tub huid xind lieb.

过礼埋苟银元共，

Guob lis manb goud yins yanb gongb,

钱米花费久考色。

Qianb mid huas huid jius kaod suid.

请客婚礼足斩劲，

Qingd keb huns lid zhus zanb jinb,

莎尼大富浪标内。

Shab nid das fux langx boud nied.

他弄剖标苟秋送，

Tab nongb bud boub goud quid songd,

嫁女一样都每得。

Jiab nvd yis yangb dous meib des.

家下贫寒要久绒，

Jias xib qinb haid yaod jiub rongs,

嫁妆礼仪我晓得。

Jias zhangb lid yid wod xiaob deb.

一世生来我无用，

Yis sid shens laix wod wus yongb,

头半加乙召堂内。

Toub band jias yis zhaob tangb nied.

佩加佩下关否红，

Peib jias peid xiab guand wous hongd,

蒙列远看几够克。

Mengs lied yanb kanb jis goud keib.

讲到婆婆和公公，两个人都费心力。

过礼你把银圆用，钱米花费不可惜。

请客婚礼花钱重，都是大富人所为。

今天我家把亲送，嫁女一样都没齐。

家下贫寒力不从，嫁妆礼仪我少的。

一世生来我无用，丢丑无面来见你。

缺少礼物愧心中，你要远看在心里。

2.

勾休将闹埋阿嘎，

Goud xiud jiongb naob mans as gad，

老勾将闹埋浪半。

Laod gous jiangb naob mand niangd banb.

走剖家贫寒苦浪内骂，

Zoub boud jias pinb huanb kux niangd nied mad，

经济抱愧没有钱。

Jind jis baos kuid meid youb qianb.

尼配阿中得得包共包巧勾吉琶，

Nib peib as zongb deis deis bes gongb bes qiaod goud jis pas，

头板加乙几拢埋。

Toud banb jias yid jis longb mand.

埋列宽怀容忍这一哈，

Mand lied kuanb huanb rongb rengb zhed yis had，

水想再列想几宽。

Suid xiangd zand lied xiangb jid kuanb.

克个大嫂浪行下，

Ked geb das shaob niangb xingb xiab，

扛否出斗出踏埋浪板。

Gangb woub chus doud chud tab mand niangd band.

就拢双喜你埋昂，

Jiux longb shangd xis nid mand ghax，

得就嘎浓毕出连。

Deid jiud gas longd pid chus lianb.

女儿嫁到你们家，小女出嫁你家来。

碰到家贫寒苦的娘妈，经济抱愧没有钱。

是配一床小小旧被脏被本不大，娘家真的丢了脸。

你们要宽怀容忍这一下，会想也要想得宽。

要看大嫂的行下，让她创家立业在此间。

今年双喜在你家，明年贵子接祖来。

八、开新郎的歌

1.

得谢喂捕扛蒙洞，

Deis xies weid put kangs mengd dongb，

内共他拢苟蒙沙。

Nieb gongb tad longd goud mengd shab.

终身靠你要义重，

Zongd shend kaob nid yaob yib zongb，

几苦吉汝来当家。

Jis kub jid rub laib dangb jiad.

几关嘎几列吉龙，

Jid guanb gab jis lied jis longd，

打工劳务嘎几拔。

Das gongd laob wud gas jid tab.

他拢列转吉现穷，

Tad nend lied zhuand jis xianb qiongb，

同图抱墨干约虾。

Tongb tub daob mob ganb yeb xiax.

新郎我要唱一从，老人今天讲的话。　　从：方言，指层。

终身靠你要义重，夫妇和睦来当家。

不管到哪要一同，打工劳务莫分岔。

今天要系腰带红，打似墨打不偏差。

2.

斗谢浪久扑打逃，

Dous xies nangb jiud pub das taob,

加汝将蒙列关否。

Jiad rub jiangb mengb lied guanx woud.

蒙尼书家才子浪那要，

Mengd nid shub jias cais zid nangb nas yaod,

读过诗书礼春秋。

Dub guob shib shub lib chengs quid.

聪明听我呆来报，

Chongb mingb tins wod daib laib baod,

关扑打逃照拢周。

Guand put das taos zhaot longb zhoud.

奶奶到欧腊列照，

Lied lied daod ous lab lied zhaob,

列扛拿娘吉炯阿娘首。

Lied gangb as niangb jis jong as niangb soub.

夫妇顺从莫骄傲，

Fud fux shengb congb mos jiaod aob,

窝浪三刚没头抽。

Os liangb saib gangb meib toub choub.

耕读为本最可靠，

Gend dub weit bend zuib ked kaob,

农林牧副全丰收。

Nengb liengb mub fut qianb fongs shoub.

没能没陇没昂号，

Meid nengx meib nengd meib ghax haob,

穿吃二字完全有。

Chuand chis ers zhid wand qianb youd.

他拢配加蒙列嘎吉绕，

Tab longb peis jias mengd lied gas jid raob,

出写阿挡想几够。

Chus xueb as dangb xiangx jis goud.

内蒙吉标加无要，
Nied mengd jid bous jias wub yaob,
开亲欧告见阿标。
Kaib qind oud gaob jeans as boud.

新郎听我歌来造，莫管是好还是丑。
你是书家后人才子高，读过诗书礼春秋。
聪明听我呆来报，也说几句报你知。
人人得妻要关照，要如同娘共母育。
夫妇顺从莫骄傲，三纲书内讲得有。
耕读为本最可靠，农林牧副全丰收。
有吃有穿哈哈笑，穿吃二字完全有。
今天配你礼物实在少，差了不能把心忧。
娘家贫穷少礼到，开亲就是一家子。

3.

洞浓那林出莎友，
Dongd liongb nad liengt chus seas youd,
洞喂内然出莎玩。
Tongd weid nied ranb chus seas wanb.
开亲走照剖兰走，
Kaid qingd zoud zhaob boud land zout,
走照兰走家贫寒。
Zoud zhaob land zout jiad pinb hand.
阿气埋少送见送嘎闹剖标，
As qis mand shaob songd jianb songb gas laod boud boub,
扛剖那照汝猛度荒年。
Gangd boud nab zhaob rub mengd us huangs niand.
忙拢剖叉几到窝求苟送苟，
Mangb nengd boud chad jis daod aod quid goud songd goud,
迷奶尼会斗几玩。
Mib lied nid huis doud jid wanb.
扯破耳朵不到口，

Ched pob erd duos bud daos koud,

各人抱愧在心边。

Guob renb baob kuid zand xind bianx.

得谢也是半边子,

Deis xied yeb shib bans bianx zis,

尼没列扛达起见。

Nis meid lieb gangb das qib jianb.

尼扛提共提巧苟配周,

Nis gangb teib gongb teid qiaod goub peib zhoud,

头板加乙几拢埋。

Toub band jiad yid jis longd manb.

出谢窝求列关否,

Chud xied aob qioub lieb guand woud,

单意出写列奈反。

Dais yid chus xieb lied nanb fuand.

扛蒙荣华富贵得长久,

Gangb mengd rongb huab fub guib deib changb jioud,

子孙代代出官员。

Zid sengx daid daid chus guanb yuanb.

听我又把歌言扭,听我人愚唱歌言。

开亲碰着我家丑,碰着家丑家贫寒。

那时候你们过礼来到家里头,让我们六月好去度荒年。

现在我们缺少嫁妆心里忧,个个都是空手来。

扯破耳朵不到口,各人抱愧在心边。

新郎也是半边子,有礼要送才心安。

只送旧布差布把脸丢,真的害羞无脸面。

新郎也要宽心头,宽宽地想远远看。

送你荣华富贵得长久,子孙代代出官员。

九、开妯娌的歌

1.

欧秋吉标锐缪洞，

Oud quid jid bous ruib moud dongb，

洞喂卜牙蒙浪久。

Dongb weib pub yad mengb nangb jioud.

大嫂亲亲尼麻炯，

Das shaob qind qind nib mab jongd，

必求打奶浪牙苟。

Bid quid das lied nangb yas goud.

揠锐让豆埋吉龙，

Nieib ruid rangb doux mand jid longb，

闹处归家一路走。

Laob chub guid jiad yis lud zoud.

走油阿巧麻浓虫，

Zoud yaob as qiaod mad niongd chongx，

喂列候蒙蒙候喂。

Weid lies houb mengb mengd houb weid.

相好和睦情义重，

Xiangb haod hed mub qingb yid zhongb，

如同吉炯阿娘叟。

Rub tongb jid jiongb as niangb soud.

歌唱妯娌你要听，听我唱歌送你们。
大嫂亲亲是真情，好似姊妹共相亲。
打柴割草同出门，上坡归家一路行。
担子不论重或轻，帮你帮我是本分。
相好和睦一家亲，如同共是一母生。

2.

萨忙够扛内欧秋，

Sead mangb geud gangb nieb oud qiub，

那勾到秋蒙腊到达嫂。

Nad goub daos quid mengd lad daos das shaob.

炯牙共苟闹留吾，

Jongd yas goud goub laob lioub wud,

天晴同去啰柴草。

Tiand qingb tongb qud lob chanb chaob.

雷锐会求帮苟录，

Lib ruib huis quib bangb goud lub,

几穷窝得蒙列包。

Jis qiengb aos deis mengb lieb daod.

久包亚洽内苟错，

Jiud beb yas qiab nieb goud cuob,

从忙降蒙列嘎招。

Chongb mangb jiangd mengb lies gad zhaod.

出散出茶会兵竹，

Chus shand chud chab huid bengd zhub,

处处同玩一路跑。

Chud chub tongb wand yid lud paod.

娘家浪求尼内录，

Niangb jias nangb quib nid nieb lub,

几到窝求拢打交。

Jis daod aod qiub longb das jiaob.

剖浪窝求欠礼物，

Doud nangb aod qiub qianb lid wus,

玩个礼行把心表。

Wanb ged lid xingx bad xind biaod.

歌言要唱妯娌述，兄弟得妻你也得大嫂。
引她去到水井处，天晴同去打柴草。
上山打菜要一路，不知地名你要报。
不报又怕她搞错，早夜你也要周到。
劳动生产把门出，处处同玩一路跑。
娘家面上家不富，没有礼物来打交。
我们方面欠礼物，玩个礼行把心表。

十、开新郎兄弟的歌

1.

那苟喂卜扛蒙洞，
Nas goub weib pub gangb mengb dongb，
抬耳听话洞喂说。
Tanb ert tind huad dongb weid shuib.
大嫂嘎弄龙埋炯，
Das shaob gab niengb longb mand jongd，
嘎苟否出外来客。
Gab goud woub chud wanb laid keib.
团结扛拿忙窝桶，
Tanb jieb gangb nas mangb aod tongb，
必求阿邦汝忙得。
Peib qiub as bangd rud bangb deib.
埋叉出发亚出令，
Manb chab chub fad yab chud liongb，
修茶累包照白热。
Xioub chab lieb beb zhaob beix reib.

兄弟我讲送你听，抬耳听话听我说。
大嫂她进你家门，不要看作外来客。
团结本是一家人，好似一桶蜜蜂色。
你们发达又繁荣，秋收满仓笑眯眯。

2.

拔秋吉标浪阿崔，
Pad quid jid boud nangd as chuib，
长子蒙尼窝比得。
Zhangb zid mengb nib aod bid deis.
要做一家人合细，
Yaob zuob yid jiad renb huob xid，
那勾吉汝嘎几北。

Nas goud jid rus gad jis beib.

好子好儿家不退，

haod zid haod ers jiad bus teib,

好了兄弟莫分别。

Haod led xiongb dib mob fend bieb.

靠蒙炯勾召豆会，

Kaob mengd jongd goub zhaob deis huid,

发家致富叉单得。

Fad jiad zhid fub chaob dais deis.

配你没有什么配，

Peib nid meis youd shenb mob peib,

加汝降蒙列嘎克。

Jias rus jiangb mengd lied as keib.

礼松欠少莫在意，

Lib songb qianb shaod mod zanb yid,

出汝儿篓意前色。

Chub rus jid neb yid qianb sed.

歌唱家中的兄弟，长子我对大哥说。
要做一家人和谐，兄弟一家要团结。
好子好儿家不退，好了兄弟莫分别。
靠你引导往前去，发家致富才可得。
配你没有什么配，好丑也要伸手接。
礼行欠少莫在意，以后好了再填塞。

3.

得油浪久扑打逃，

Deis youb nangd jioud pub das taob,

关扑打逃照拢洞。

Guanb pud das taob zhaob longb dongb.

送秋拢单埋阿告，

Songb qiub longd dais manb as gaob,

大嫂当送埋浪纵。

Das shaob dangd songb mand nangb chongd.

蒙出得勾本年少,

Mengb chub deis goub bend nianb shaob,

应受关怀我也懂。

Yind soub guanb huanb wod yeb dongb.

娘家吉标礼松要,

Niangb jias jid boub lid songd yaob,

几到窝求勾几拢。

Jid daos aod qiub goud jid longb.

筐起头写奈反照,

Kuangd qib toub xied nanb fanb zhaob,

纵列出起关否红。

Zhongb lieb chud qib guand woub hongb.

兄弟家中也要报,也讲几句要听从。

做客我来你家到,大嫂接进你家中。

你是小哥本年少,应受关怀我也懂。

娘家贫穷少礼貌,没有什么交手中。

宽心莫讲礼物少,宽想远看要从容。

4.

阿伯阿叔腊尼骂,

As beib as shub lab nid mad,

侄子一样埋浪得。

Zhid zid yid yangb manb nangb deid.

自古男婚女要嫁,

Zid gud nanb hund nit yaob jiab,

皇上不能养女者。

Huangb shangb bud nengb yangb nit zhed.

他弄剖酷嘎埋昂,

Tab nongd boud kub gad manb gahx,

几卜达细拢当特。

Jis pub das xit longb dangx teib.

杀猪斩羊号昂爬，

Sad zhub zhand yangb haod gahx pab,

能数服抽剖都色。

Nengb shud fub choud boud doub sed.

都色尼卜空口话，

Doud sed nib pub kengb koud huad,

头板加乙几娄内。

Toub banb jias yid jid ned nieb.

阿伯阿叔也是爸，侄子一样你儿也。

自古男婚女要嫁，皇上不能养女者。

今天我们来你家，你们商量来待客。

杀猪宰羊钱花大，酒醉饭饱来感谢。

感谢是讲空口话，我的面上失了色。

十一、开婆家房族叔伯的歌

1.

列从列忙告那苟，

Lies chongb lied mangd aod nad goub,

苟埋浪求费心力。

Goud manb nangb quid huib xind lid.

埋浪侄儿否当欧，

Mand nangb zhid erd woud dangb oud,

内虫骂要莎拢最。

Nied chongb mad yaod shab longb zuib.

议事商量出阿标，

Yib shib shangb liangb chub as boub,

买菜要买到哪里。

Mand chanb yaob mand daos nas lib.

亚闹花垣亚闹首，

Yab laod huad yuanb yad laod soud,

车子列难阿竹儿。

Cheb zid lieb nanb as zhub jid.

备办肉食样样有，

Deib banb roub shib yangb yangb youb，

山珍海味都买齐。

Shanb zhend haid weid dous mand qid.

能抽几扣埋度标，

Nongd choub jid ked mand dus boud，

没有哪样把你配。

Meib youd nas yangb bad nid peib.

多谢全凭一张口，

Duod xied qiand pingd yis zhangd koub，

出写阿挡嘎斩起。

Chud xieb as dangx gab zhanb qid.

早饭夜饭费心头，你们方面费心力。
你们侄儿接妻室，叔伯人等都拢齐。
议事商量一家子，买菜要买到哪里。
要走花垣走吉首，车子要请哪个去。
备办肉食样样有，山珍海味都买齐。
又饱肉来又醉酒，没有哪样把你配。
多谢全凭一张口，也要宽想在心里。

2.

　　扑送总那闹总勾，

　　Boud songd zongb nas laob zongb goud，

　　那勾窝求费了力。

　　Nas goub aob qiud huid liaob lib.

　　埋号阿标奈剖熊阿柔，

　　Mand haos as boud nangb boud xiongb as roub，

　　标标浪求莎单齐。

　　Boud boud nangb qiud shab daid qit.

　　照潮照茶列关否，

　　Zhaob chaob zhaob chad lieb guand woud，

照见照嘎嘎考岁。
Zhaob jianb zhaod gab gad kaod sui.
对到勾休洞列欧，
Deib daod gous xiud daob lied ous，
扛否出斗出他号拢你。
Gangb woud chub doux chud tax haob longb nib.
你们都是亲叔子，
Nid menb dous shid qinb shud zid，
出林吉篓勾从笔。
Chub liangb jid neb goud congb bid.
能抽都色埋度标，
Nongb choub dous seb manb dub boud，
嘎弄卡卡陇难为。
Gab nengb kad kad longb nanb weid.
几到窝求勾吉口，
Jid daod aos qioub goud jis koub，
提巧提共埋列嘎斩起。
Teib qiaot teid gongb manb lied gad zhand qid.

讲到叔爷和伯子，你们全都费了力。
你们每家每户请得有，家家户户到了齐。
花费银钱一大手，又花钱来又费米。
要想兄弟得妻室，让她发达发旺做富贵。
你们都是亲叔子，以后好了再谢你。
吃饱感谢是空口，感谢空拿一张嘴。
礼物什么都没有，烂布旧布你们不要看不起。

十二、开厨房厨师的歌

1.

卜送厨房埋浪久，
Pub songb chub fangd manb nangb jius，
阿堂内卡看你们。

As tangb nieb kab kanb nid menb.

吉相明当苟爬娄，

Jid xiangb miongb dangd goud pab noud，

产公吉话阿得声。

Chand gongb jid huab as deib shongb.

兄汉吾不苟辽否，

Xiangb haid wub boub goud liaob woub，

抓豆抓斗苟比兄。

Chab doub chaob doub goud bid xiongb.

开边吊召阶檐标，

Kaib biand jiaob zhaob geib yanb boud，

他写吉上抓窝温。

Tab xieb jid shangb chab aod wenb.

扣见将照浪晚斗，

Koud jiand jangb zhaob nangb wand dous，

起斗达务自苟冬。

Keib doub das fut zid goud dongs.

哭早及迟告如走，

Kub zhaob jid chib gaob rub zoud，

点火苟汉中苟拼。

Diand huob goud hanb zongb goud pingb.

如汉帮八格吉苟，

Rub haib bangb bad ged jid goub，

且西且卡久咱蒙。

Qieb xix qieb kab jioub zab mengd.

单弄得齐欧雅休，

Dais nebgd deib qib oud yab xiud，

欧求补西同刀滚。

Out quid pub xib tongb daox guengb.

为剖苟浓那林口，

Weib boud goub lengb nad liengb koub，

班见沙沙剖安能。

Banb jiand shad shas boub and nongb.

扛埋肥皂苟茶斗，

Gangd mand huib zhaot goud chad dous，

笑梅向召嘎养充。

Xiaot meix xiangb zhaob gab yangd chongd.

茶叫相蒙汝排子，

Cax jiaob xiangb mengb rub panb zid，

尼内尼总江几兵。

Nid nied nib zongb zongb jid bongb.

歌言要讲厨房话，一堂客众看你们。

天还没亮把猪杀，宰猪不怕猪大声。

热水滚滚来泡它，扯下猪毛刮猪身。

开边破肚吊檐下，开肠破肚理干净。

煮肉锅子实在大，烧火马上起烟云。

火在灶膛燃一下，烧火用那烧火棍。

吹火腮帮鼓得大，烟火四下起灰尘。

汗水流得如雨下，黑抹乌烟满一身。

为了待客费力大，办成酒饭待我们。

送你肥皂洗一下，浑身洗得干干净。

洗好排子也不差，女人看见都动心。

2.

莎休够扛大厨手，

Seab xiud goub gangb dab chub shoub，

厨手浪纵洞莎容。

Chub shoud nangb zongb dongb sead yongb.

你忙抱爬奈埋候几篓，

Nin mangb boub pab nanb mand houb jid noub，

克否寿板阿者洞。

Kex woub soub manb as zheib dongb.

埋少抓到中缪久将斗，

Mand shaob zhuad daos zongb moub jiub jiangb doub，

勾否朋告爬久空。

Goub woub pongb gaox pab jiub kengb.

红拿朝里老将手，

Hongb nas chaob lid laob jiongb shoub,

本领红拿武松冬。

Benb lind hongd nas wux songd dongt.

埋再兄汉吾格勾疗否，

Manb zand xiongb huanb wub geib goud liaob woub,

查豆查斗勾比兄。

Chab dout chad doud goub bid xiongb.

单意切肉腊丝丝，

Dais yid qieb rub lanb sid sid,

巴得巴章腊几分。

Pab deb pab zhangb lanb jid fend.

五香大料办得有，

Wub xiangb das liaob banb deib youb,

酱油味精办得浓。

Jiongb youb weib jingb banb deid nongb.

就蒙浪冬弄洞标，

Jioub mengb nangb denb nengb dongb boub,

几拉半娘阿者洞。

Jid lab band niangb as zheb dongb.

扛剖奶奶腊将窝起口，

Gangb boud lieb lied lab jiongb aob qid koub,

能抽阿起白同同。

Nongb choub as qib baib tongb tongb.

能抽几扣埋浪久，

Nengb choub jid koub manb nangb jioub,

产柔吧就几拢从。

Chanb roub bab jioub jid longb congb.

歌言唱送大厨手，厨手人众听歌音。

昨晚杀猪你们挽衣袖，看它跑遍南北程。

你们抓得耳朵不放手，杀猪你们很用劲。

好似朝里老将手，好似武松的本领。

你们烧起热水泡皮子，扯好猪毛刮干净。

又去割肉切丝丝，精肉肥肉切开分。

五香大料办得有，酱油味精办得浓。

香味浓浓扑鼻子，四下各处都满闻。

我们人人吃肉似虎口，吃饱喝醉喜盈盈。

感谢厨房和厨手，千年万代不忘情。

十三、开婆家请先生看日子歌

1.

卜单阿奶窝江虐，

Pub dais as lieb aod jiangb nub，

黄道吉日蒙克咱。

Huangb daod jid red mengd keib zhab.

天月二德锐几吾，

Tianb yeb erb deib ruib jid wub，

再斗紫微高照你打便。

Zanb doub zib weib gaob zhaob nib das bad.

推猛算常足克汝，

Teib mengd sanb changb zhub keib rub，

算到汝内叉当拔。

Shuan daob rub nieb chad dangb pab.

今天陪情陪不住，

Jind tianb peib qingb peib bub zhub，

要嘎开蒙嘎想加。

Yaob gab kaib mengd gad xiangb jiad.

讲到择日先生苦，黄道吉日你看好。

天月二德把握住，再有紫微高照在天朝。

推去算来看得足，算得吉日良辰高。

今天陪情陪不住，少有礼物谢你了。

2.

难为先松欧打逃，

Nanb weid xiand songd oud das taob，

单意奈反洞喂友。

Daib yib nanb fanb dongb weib youb.

聪明才子浪那要，

Chongb mingb caib zid nangb nas yaob，

读过诗书礼春秋。

Dub guob shib shub lib chengb qioud.

埋浪吉标汝告绕，

Mand nangb jis boub rub gaob raob，

吉竹莎尼书香子。

Jid zub seax nid shub xiangb zid.

子丑寅卯八字告，

Zid choub yingb maob bab zhib gaob，

算到汝内拢请酒。

Shuanb daos rub nieb longb qingb jioud.

打便星斗照戎闹，

Das biat xinb dous zhaob rongb laod，

吉星高照闹剖标。

Jis xinb gaob zhaod laod boud boub.

打绒便判几然抱，

Das rongb biad panb jid rab daod，

人财两旺得长久。

Renb chanb nangb wangb deb changb jioud.

他拢配下蒙列嘎吉绕，

Tab longb peib xiad mengd lied gas jid raob，

单意出起列关否。

Daib yib chud qid lied guanb woud.

难为先生辛苦了，你要耐烦听罗头。
聪明才子做得到，读过诗书礼春秋。
你的家中懂礼貌，家门都是书香子。

子丑寅卯八字告，算得吉日来请酒。
天上吉星来高照，吉星高照乐悠悠。
好个吉日大黄道，人财两旺得长久。
今天感谢礼物配得少，你要宽容莫心忧。

十四、开礼郎歌师的歌

1.

阿奶江度巴鸟抓，

As lieb jiangb dub bas niaob zhuab,

汝汉鸟先嘎弄求。

Rub haib niaob xianb gat nongb qioub.

卜阿炯浪发阿吧，

Pub as jiongb nangb fab as bab,

毕拿打声包拿缪。

Bib nab das shongd baob nab moub.

发人发家都来发，

Fab renb fab jiab doub laib fab,

全见莎发出阿苟。

Qianb jianb seax fad chub as goud.

书读理讲巴鸟惹，

Shub doub lib jiangb bab niaob roub,

多谢奉承你贵口。

Duob xieb fongb chengb nid guib koub.

莫嫌礼轻情意大，

Mob xianb lis qingd qingb yib das,

尼扛欧角钱当苟服酒。

Nib gangb oud jiaob qianb dangd goud fud jioud.

这个礼郎才高大，嘴巴有盐油也有。
讲一声来发百下，发如鱼虾海水游。
发人发家都来发，全部都发要登头。
书读理讲好嘴巴，多谢奉承你贵口。

莫嫌礼轻情意大，只送两角钱币去买酒。

2.

几扣打奶麻扑度，

Jid koub das nieb mad pub dus,

难为打图麻够莎。

Nanb weid das tub mas goub seax.

埋浪莎腊汝浪度腊汝，

Manb nangb seax lab rub nangb dub lab rub,

汝莎汝度汝几良。

Rub seax rub dub rub jid liangb.

告埋浪莎话不不，

Gaob mand nangb seax fab bub bub,

单埋浪度令哈哈。

Danb maid nangb dub lingb hab hab.

众人满满达细汝，

Zongb rend manb manb das xit rub,

添福添寿汝几良。

Tianb fud tianb shoub rub jid liangb.

剖浪礼物小小对不住，

Boub nangb lib wub xiaob xiaob deib bud zhut,

表个心情吧了差。

Biaob ged xind qingb bab leb chad.

感谢几个把情述，难为几位话行家。

你的歌也好来话也固，好歌好话真不差。

照你的歌发大富，依你的话发得大。

众人满满增福禄，添福添寿都发家。

我们礼物小小对不住，表个心情也管他。

第三章　结亲坐席歌之一

一、唱祭祖、分酒的歌

1.

黄道吉日汝当欧，

Huangb daot jid ris rub dangd oud,

椿萱并茂红日开。

Chengb xianb bingb maob hongd rid kaid.

娘怀苦内苟得首，

Niangd huanb kub nieb goub deib soub,

挂照背瓜窝蒙兰。

Guab zhaob beib guab aod mengb lanb.

陪情桌上摆肉酒，

Peib qiangb zhuob shangb banb roub jiud,

乙这酒江弄图太。

Yix zheb jioub jangb nengb tub taib.

盘上切肉不断丝，

Panb shangb qieb roud bub duand sid,

亲戚关爱心相连。

Qingb qib guand aid xind xiangd lianb.

礼仪三杯香在口，

Lid yib sanb huanb xiangb zanb koud,

乙这酒拢没根源。

Yix zheb jiud longd meid gengb yanb.

阿这列梅扛天斗，

As zhed lied meib gongb tianb doub,

天上星斗下凡间。

Tiand shangb xingb doud xiab huanb jiand.

三星高照召吉标，

Sanb xind gaob zhaob zhaos jid boud,

荣华富贵好双全。

Rongb huab fud guib haob suangb qianb.

地脉龙神二碗酒，

Deib manb longb shengb erb wanb jioub,

欧这龙拢浪分开。

Oud zheb longb longd langs fenb kaid.

青龙白虎来得有，

Qingb longd beib fud laid deib youd,

朱雀玄武都拢来。

Zhud qieb xianb wub doub longb laib.

祖宗三代国亲师，

Zhub zongd sanb daib guod qind shib,

补这列拢扛家先。

Bub zheb lied longb gangb jiad xianb.

齐夫吉卡儿孙子，

Qid fub jib kab erd senb zid,

保佑平安亚发财。

Baod youb pinb and yab fad canb.

比这列扛红媒苦路走，

Beix zhed lieb gangb hongd meib kub lud zoud,

候剖欧告达起见。

Houb boub ous gaob das qib jianb.

巴鸟没先弄没求，

Bad niangb meib xianb nengb meid qiub,

金玉双星配团圆。

Jinb yux shuangb xinb peib tuanb yuand.

便这送亲娘也有，

Bat zheb songb qinb nangb yed youx，

送牙照久恩窝产。

Songb yab zhaob jioub end aod chuanb.

首林苟将闹剖标，

Songd liangd goud jiangb laod bout boud

发达兴旺万千年。

Fab das xinb wangb wanb qianb nianb.

照这列扛欧告窝炯背高头，

Zhaob zheb lied gangb out gaob aos jongd beib gaox toud，

后辈亲亲大如天。

Houb beib qingb qingb das rub tianb.

图汝把炯发汝苟，

Tub rub bad jongd fad rub goub，

汝拢汝图发白板。

Rub longb rud tub fad bieb biand.

炯这列扛姑娘姊妹费心偷，

Jiongb zheb lied gangb gub niangb zib meib feib xind toub，

出卡埋拢共礼财。

Chub kad manb longb gongd lid caib.

刮汉图竹昂莎苟，

Guab haid tub zub ghax shab goud，

辛苦再金费力埋。

Xind kus zanb jinb feib lid mand.

乙这众人大家有，

Yid zheb zongb rend das jiad youb，

庆贺度标到龙先。

Qinb houb dub boud daod longb xiand.

毕拿打声包拿缪，

Bib nas das shongd beb nad moub，

荣华富贵好双全。

Rongb fuab fud guib haob shuangb qianb.

亲戚欧告望长久，

Qind qub oud gaob wangd changb jioud

各位寿老坐百年。
Ged weib shoub laod zuod beib nianb.

黄道吉日结妻室，椿萱并茂红日开。
娘怀苦累养女子，分离从那心肝来。
陪情桌上摆肉酒，八碗甜酒桌上摆。
盘上切肉不断丝，亲戚关爱心相连。
礼仪三杯香在口，八杯喜酒有根源。
一碗要拿敬天斗，天上星斗下凡间。
三星高照家里头，荣华富贵好双全。
地脉龙神两碗酒，两碗这样来分开。
青龙白虎来得有，朱雀玄武都拢来。
祖宗三代国亲师，三碗要来敬家先。
庇荫保佑儿孙子，保佑平安又发财。
四碗要送红媒苦路走，帮我两家把亲开。
甜嘴有盐又有油，金玉双星配团圆。
五碗送亲娘也有，嫁女费钱千千万。
长大嫁到这里留，发达兴旺万千年。
六碗要送后辈舅爷亲根子，后辈亲亲大如天。
菀大发来青油油，好木好树发满山。
七碗要送姑娘姊妹费心有，贺喜抬来大礼财。
刮烂脚腿肉皮子，辛苦再要费力添。
八碗众人大家有，庆贺主家把亲开。
发如鱼虾海中游，荣华富贵好双全。
亲戚两家望长久，各位寿老坐百年。

2.

客人起歌
Keb renb qib guod

度标吉奈洞出岁，
Dub boud jid nangb dongd chub suid，
金筷银桌满碗酒。

Jind kuanb yind zhuod mand qand jioud.

善蒙昂妙莎摆齐，

Shand mengb ghax moub sad banb qid，

就蒙香甜汝味口。

Jioub mengd xiangd qianb rud weid koud.

个个话讲声如雷，

Ged ged huab jiangb shengb rud lieb，

奶奶扑汝几良偷。

Lied lieb pub rub jid liangb toub.

扛喂照追出莎拢搭陪，

Gangb weid zhaob zhuib chub seax longb dab peid，

吉架埋够莎阿柔。

Jib jiab menb gooub seax as roud.

主家相仪要摆席，金筷银桌酒满碗。

肠肝肚肺都摆齐，真的香甜好味鲜。

个个话讲声如雷，人人都说古根源。

让我在后唱歌来搭陪，婚庆唱歌管不管。

二、娘家开媒人礼互接的歌

1.

开礼
Kaib lid

媒人浪久开见内勾扛剖会，

Meib renb nangb jioud kaib jianb niex goud gangb boub huid，

开到内勾筐打金。

Kaib daob nied goud kuangb das jingd.

扛剖开亲来结义，

Gangb boud kaid qingd laib jieb yib，

窝兰到汝难久蒙。

Aos lanb daos rub nanb jioud mengd.

斗桥把你心蒙累，

Doub qiaob bas nid xinb mengd lieb,

昂弄奈斩奈鸟公。

Ghax nengb nand zanb nand niaob gongb.

良松休猛汝吉追，

Liangb songb xioub nangb rub jid zuib,

炯气古老浪年虫。

Jiongb qib gub laod nangb nianb congb.

忙陇剖尼空口来难昧，

Mangd longb boud nib kongd koud laib nanb weid,

嘎弄嘎嘎难为蒙。

Gad nengb gad gad nanb weib mengb.

媒人开通道路修整齐，修成道路大又宽。

我们开亲来结义，好亲结下把你难。

修桥把你心劳累，冬夏热令又熬寒。

好情记在心中内，写在本子书中间。

你的良心修好我们记，坐比古老的寿年。

2.

难为够寿候剖出，

Nanb weib gous shoub houd boux chus,

苟弄卡卡难为蒙。

Goud nengb kab kab nanb weix mengb.

候剖岔到汝财主，

Houd bous chab daos rus chaib zhud,

阿豆桥弄尼蒙架闹剖浪冬。

As doud qiaod nongb nid mengb gas laob boud langd dongt.

修汝良松炯苟虐，

Xioud rus liangb songd jiongb gous niub,

列扛蒙炯气古老浪寿春。

Lied gangb mengb jiongb qis gux laod nangb shoux chongb.

再列扛蒙浪嘎让陇毕叟出补，

Zaid lied gangs mengb nangd gas rengb longs pib soud chud bub,

五子榜上传远名。

Wus zis bangb shangb chanb yuans mingb.

堂内言度几水组，

Tangb niet yuanb dub jis shuig zhus,

告喂浪度蒙叉丛。

Gaob weib nangb dub mengb chas songd.

单虐发财周求求，

Dais niub fas caid zhous qioud qious,

蒙叉相信喂卜灵。

Mengb chab xiangs xinb weib qub lid.

感谢媒人把亲做，嘴巴空空谢得深。
把我找得好财主，这座桥是你架到我家门。
修好良心有好处，要让你坐到古老的年份。
还要让你的儿孙高上坐满屋，五子榜上传远名。
堂中讲话有原古，依我的话你才信。
到日发财笑乎乎，你才相信我讲灵。

3.

接礼

Jied lid

难为剖埋浪够寿，

Nand weib boub manb langx goud soub,

费尽精神一坡趴。

Feit jinb jingd shengb yid pod pat.

费心费力把桥豆，

Feid xind feid lid bad qiaob doub,

候剖欧告娘婆家。

Houd boub oud gaos niangb pod jias.

娘家送你礼物厚，

Niangb jias songb nid lis wud houb,

扛提窝炮礼松抓。

Gangb teib aod paob lib songx zhuad.

礼松修约汝剖楼，

Lid songd xioub yob rub boud loub,

添福添寿加打便。

Tianb fud tiand soub jiab das biad.

感谢媒人把歌扭，费尽精神一坡卧。

费心费力把桥斗，帮我两面娘婆家。

娘家送你礼物厚，送那布匹大红花。

礼行收了好以后，添福添寿添得大。

4.

难不够寿拿弄久，

Nanb pub goud shoub nas nengb jiud,

礼上谢钱苟拢补。

Lid shangb xieb qianb goud longd pub.

门当户对叉出秋，

Menb dangd hub dib cad chud qiub,

内那几转毕窝但。

Nied nas jid zhuanb bid aos cud.

在中在内锐儿夫，

Zand zongd zand nieb ruib jid fut,

前世姻缘闹苟虐。

Qianb shid yund yanb laob goud niud.

弄剖汉弄足夫录，

Nengb boud haib nengb zhub fud lub,

义到发财喂久苦。

Yid daos fab caib weid jiub koub.

感谢幺家的礼物，

Ganb xiex yaob jiad deis lis wud,

斗初再列候埋出。

Dous cub zanb lieb houd mand chus.

要讲媒人多情述，礼上谢钱在手边。
门当户对把媒做，日月作合功在天。
在中在内说合主，都是前世的姻缘。
我做这媒容易做，一面又得发了财。
感谢你们的礼物，若是还有我再来。

5.

难为够寿候几通，

Nand weib goub soud houd jis tongb,

娘婆二架叉见兰。

Niangb pos ers jiab chas jiand kand.

昧候出兰单误工，

Weib houd chus lanb dais wub gongt,

巴虐打内腊嘎管。

Bas niud das nied lab gas guand.

腊要吾首候开容，

Las yaob wub soub houd kaib yongb,

候剖欧告嘎天干。

Houd boud ous gaob gas qiand gaid.

叉共窝考猛开工，

Chad hongs aos kod mengs kaid gongs,

剖通告告留吾斩。

Dous tongb gos gos lioub wub zhand.

扛剖养女嫁高门，

Gangb dous yangb nvs jiab gaod menb,

头板到汝阿勾兰。

Toub banb daos rus as goud lant.

窝兰到汝难久蒙，

Aos land daos rus nand jiub mengb,

修汝良松炯头先。

Xioud rus liangb songd jongd toud xians.

内再扛见扛嘎勾几林，

Nied zanb gangd jiand gangb gad goub jid liengb,

接到候蒙周吉研。

Jieb daob houb mengd zhoub jid nianb.

共长勾闹埋浪冬，

Gongb changb goud laob manb nangb dongb，

打酒称肉又买烟。

Das jioub chengb roub youb maid yanb.

难为媒人帮打通，娘婆二家把亲开。

为帮开亲耽误工，丢工了日也莫管。

开渠引水灌田中，帮我二面架天杆。

才拿锄头去开工，开通好井清水源。

到期花烛吉日红，夫妻恩爱得长远。

情重不忘红媒公，代代记情不忘怀。

我们不忘你深情，对人不住没得脸。

配你我响少礼行，总要心里莫要管。

不好意思要从宽，求你面上要恩宽。

三、娘家唱开布的歌

想洞列拢吉汝，

Xiangb dongb lieb longb jid rub，

几奶空会空空送牙勾。

Jid lieb kongb huib kongd kongd songb yab goud.

几个腊想阿奶葡，

Jid ged lab xiangd as lied pub，

吉现扛埋扛板标。

Jid xianb gangb mand gangb banb boud.

上场要买几匹布，

Shangb changb yaob manb jid pib bub，

要送新郎样样有。

Yaod songb xinb nangb yangb yangb youd.

几奶安洞家贫寒苦无靠处，

Jid nied ans dongb jias pingb haib kub wud kaob chub，

扯破耳朵不到口。

Ched pob erd duod bub daob koud.

礼物欠少对不住，

Lid wud qieb shaob dib bub zhub,

纵列出起洞管否。

Zhongb lieb chub qud dongb guanb woub.

也想把那嫁妆做，哪个肯来空空走。

我们也想把名出，礼物要送家家知。

上场要买几匹布，要送新郎样样有。

哪个知道我们家贫无靠处，扯破耳朵不到口。

礼物欠少对不住，搞坏名誉丢了丑。

四、娘家开婆家舅爷互唱的歌

1.

萨忙够扛内窝炯，

Sead mangb goud gangb niex aod jiongb,

后辈窝炯背高头。

Houb beib aod jongx bid gaox toud.

埋浪吉标汝打戎，

Manb nangd jib boud rub dab rongx,

青龙高上竖桅有。

Qingb longb gaox shangb shub guib youd.

窝麻话拢章林林，

Aod mab huas longd zhangs liongb liongb,

真是马鞭发竹子。

Zhend shib mad bianb fab zhub zis.

当欧窝求包单蒙，

Dangb oud aod qiub baod danb mengd,

几次费力拢架酒。

Jid cid feib lib longd jiab jiux.

对人不住闹亲朋，

Duib renb bub zhub laob qinb pengb,

纵列出起嘎管否。

Zongb lieb chub qid gad guanb woud.

礼物小小情意重,

Lid wub xiaod xiaod qings yid zhongb,

几拢扛蒙照窝斗。

Jid longd gangb mengd zhaob aod dous.

【若是客人则加下句】

【Rob shib keb renb zed jiad xiab jiub】

扛固见嘎那拢林,

Gangb gud jianb gad nab longd liongx,

接到相蒙几刚周。

Jied daob xiang mengd jib gangb zhoub.

起写吉浪足满松,

Qit xies jid nangd zub manb songt,

多谢几扣埋度标。

Duos xieb jib koud manb dub boud.

歌言唱送舅爷公,后辈舅爷辈分有。

你们家里有活龙,青龙高上竖桄子。

外甥发旺家兴隆,真是马鞭发竹子。

喜事几次报你懂,几次费力来饮酒。

对人不住到亲朋,宽想远看望长久。

礼物小小情意重,递来交在你的手。

【若是客人则加下句】

送这礼物情意真,接得喜爱笑盈盈。

我的心内满足很,多谢你们主家人。

2.

拢汝窝炯图汝高,

Longd rub aod jiongb tub rub gaod,

汝高话麻麻叉林。

Rub gaod huad manb manb cab liongb.

人的后辈全堂好,

Rend ded houb beib qianb tangb haod,

阿舅自尼巴金炯。

Ad jiub zid nit bab jind jiongb.

勾休将闹内阿乔,

Goud xiut jiangs laob niex ad qiaob,

蒙架服酒费力林。

Mengd jiab hub jiux feid lid liongb.

他拢蒙号红情得度汝勾剖包,

Tad longd mengd haob hongb qingb deb dub rub goud boud baod,

单蒙浪度剖满松。

Dand mengd nangd dub bout manb songt.

扛蒙阿同提共提巧把心表,

Gangb mengd ad tongb tib gongb tid qiaot bad xins biaob,

拿几加乙几拢蒙。

Nad jib jiad yib jib longd mengx.

扛蒙越活越到寿年老,

Gangb mengd yeb huob yeb daob shoub nianb laod,

炯气古老浪年虫。

Jiongb qid gud laod nangd nianb chongb.

竹子好根树才高,好了树苑才大根。
人的后辈全堂好,阿舅就是最大人。
小女出嫁报你报,你来吃酒费力很。
你也奉承好话不得了,应你的话我满心。
送你一段旧布差布把心表,不好意思我丑人。
送你越活越得寿年老,坐到古老的年成。

3.

窝炯喂卜扛蒙洞,

Aob jongx wed pub gangb mengd dongx,

卜埋得浓浪阿舅。

Pub manb ded niongb nangd ad jiub.

林炯背高足安虫，

Liongb jongx bid gaos zud and zhongb，

发求窝便豆汝苟。

Fab qiub aod biat dous rub goud.

竹子在园窝拢共，

Zhub zid zaib yuanx aod longd gongb，

马鞭高上发竹子。

Mad biad gaox shangb fab zhub zis.

阿葡拢弄发汝红，

Ad pub longd nongb fab rub hongb，

敏汝窝录吉吹苟。

Meid rub aod nus jib cuis goud.

他弄酒席蒙拢炯，

Tad nongb jiud xib mengd longd jiongb，

苟蒙窝求费力抖。

Goud mengd aod qiux feib lib liaob.

开亲剖埋尼麻炯，

Kaid qinb boud manb nit max jiongb，

剖埋欧告见那苟。

Boud manx out gaox jianb nat goud.

再来讲多也无用，

Zaib laib jiangd duos yed wux yongb，

要嘎配蒙列管否。

Yaob gad peib mengd lieb guanb woud.

舅爷我讲送你听，讲你婆家的阿舅。
树苑大了树大根，发达兴旺又长久。
竹子在园根很深，马鞭高上发竹子。
这园竹子发达很，四季长发青悠悠。
今天酒席你大人，把你面上费力有。
开亲我们都亲近，我们两面成兄头。
再来讲多也无信，少钱来谢心莫忧。

4.

帮后辈接礼
Bangb hous beib jieb lid

送秋送公埋佩汝，
Songb qiut songb gongb manb peib rub，
弄埋佩汝要内兵。
Nongb manb peib rub yaob niex bingb.
礼物礼品一大数，
Lid wub lid pingb yid dad shub，
银钱花费久阿充。
Yin qianb huab feib jiud ad chongs.
众人满满莎没葡，
Zhongb renb manb mnab sead meid pub，
欧求扛单剖窝炯。
Out qiub gangb danb boud aod jongx.
出秋出兰碰大富，
Chub qiut chub lanb pengd dad fub，
汉拢本尼窝兰炯。
Haid longd bend nit aod lanb jongx.
扛剖接到相蒙打，
Gangb bout jied daob xiangt mengd dad，
多谢亲家几扣蒙。
Duos xieb qind jiab jib koud mengx.

嫁女你们送礼物，这等做法通情礼。
礼物礼品一大数，多有银钱来花费。
众人满满也照顾，还在送到我后辈。
结义开亲碰大富，这等本是好情义。
接得礼物笑乎乎，多谢亲家你费力。

5.

窝炯剖尼巴炯拢，
Aod jongx bout nit bab jongx longd，

炯拢哈尼炯马便。

Jongx longd had nit jongx mad biat.

几过章照弄豆兵，

Jib guob zhangs zhaob nongb dous bingb，

花汉免弄善腊善。

Huab haod mianb nongb shait lad shait.

超过窝炯浪巴根，

Chaob guob aod jongx nangd bad gongb，

窝苟特挂打大干。

Aod goud ted ghad dad dab gans.

他弄出卡剖腊拢，

Tad nongd chub ghas boud lad longd，

阿舅浪求到此来。

Ad jiux nangd quid daob cis laib.

尼浓喂下埋卜浓，

Nit longd wed xiab manb pub niongb，

吉共剖昂埋冬善。

Jid gongb boud gahx manb dongt shait.

对情不住兰窝根，

Duis qingb bub zhub land aod gens，

窝兰从汝喂几见。

Aod lanb congb rub wed jib jianb.

后辈我是竹子根，本是竹根竹马鞭。
出土竹子大得很，发大根根大起来。
超过马鞭的根根，盖过竹根发满园。
今日做客我也行，舅爷面上到此来。
我也不是人上等，花花轿子你们抬。
对情不住莫忧心，你们情重记千年。

五、娘家开婆家祖父母互唱的歌

1.

听我把歌唱一遍，
Tingb wod bad goud changb yis piab，
关够打逃照拢洞。
Guanb goud dad taob zhaob longd dongb.
送秋拢单埋告占，
Songd qius longb dais mand gaob zanb，
欢乐喜笑在心中。
Fans led xib xiaod zand xind zongd.
扑单阿婆阿爷浪方面，
Pud daid as pob as yex nangd fangd manb，
敬老行孝剖腊懂。
Jinb laod xingd xiaob boub lax dongt.
剖腊家贫寒苦礼物欠，
Boub lab jiad pingb huanb kud lit wud qied，
几到窝求苟几拢。
Jis daob aos wuid goub jid longb.
蒙列宽宽地想远远看，
Mengd lieb kuand kuand des xiangd yanb yanb kand，
出汝几篓意毕从。
Chus rub jis ned yib pib congb.

听我把歌唱一遍，也唱几句歌声浓。
嫁女来到你们寨，欢乐喜笑在心中。
讲到阿婆阿爷的方面，敬老行孝我们懂。
我们家贫寒苦礼物欠，没有什么孝敬拢。
你要宽宽地想远远看，富足以后再补充。

2.

欧求卜单喂阿打，
Oud quix pub dais weib as das，

阿大欧奶出阿苟。

As dat oud lies chud as goud.

家中万事靠你拿，

Jias zongb wanb shid kaob nis nab,

蒙尼窝梁牛洞标。

Mengb nib aos liangb nioub dongx boud.

蒙到嘎让拢当家，

Mengd daob gad rangb longd dangt jiad,

实在几叟吉研周。

Shid zanb jid sout jib nians zhoud.

得就再列人口发，

Deix jiud zanb lieb renb koud fab,

添个麒麟贵孙子。

Qiand get qud linb guib sengd zid.

莫看今天的打发，

Mod kanb jins tians des das fad,

德高望重克几够。

Deis gaod wangb zhongb kes jid goub.

讲到外公外婆大，两个老人年纪有。
家中万事靠你拿，你是为主总头头。
你得孙媳来当家，好事一桩乐悠悠。
明年再要人口发，添个麒麟贵孙子。
莫看今天的打发，德高望重看长久。

3.

帮阿婆阿爷接礼
Bangb ad pox ad yed jiex lid

拢通剖让送得让，

Longd tongb boud rangb songb deb rangb,

老勾将闹剖浪板。

Laob goud jiangs laob bout nang biab.

嫁妆配女汝内娘，

Jiab zhuangs peb nit rub niet niangx,

腊尼拿拢配齐全。

Lab nit lad longd peib qid qianb.

阿婆阿爷埋腊扛，

Ad pox ad yex manb lad gangb,

扛汉贪子闹包先。

Gangb haib tanb zid laob baod xianb.

接埋浪礼心中昂，

Jied manb nangb lid xinb zhongb ghax,

各人抱愧在心边。

Ge renb bao kuid zaib xins bians.

陪情不起记情上，

Peib qingb bub qis jib qingb shangb,

多谢窝兰几扣埋。

Duos xieb aod lanb jib kout manb.

嫁女做客我村庄，小女嫁到我家来。
嫁妆配女好模样，也是如此配齐全。
阿婆阿爷的行上，又送褥送被单。
接你的礼心中昂，各人抱愧在心边。   昂：方言，指不好意思。
陪情不起记情上，多谢你们在此间。

4.

剖乜欧奶窝内共，

Pout niab out liet aod niax gongb,

头板到汝阿奶嘎。

Toud biab daob rub ad liet gas.

嘎休当拢龙剖炯，

Gad xius dangb longd longd boud jiongb,

出从少拿背苟大。

Chub zongb shaob lad bid goud dad.

都色埋浪礼物重，

Doud sed manb nangd lid wux zhongb,

几扣兰汝浪打发。

Jib kout lanb rub nangd dad fab.

两个老人坐家中，好事到边笑哈哈。

孙媳进屋把礼用，你们情义如山大。

多谢你们礼物重，把我看重来打发。

六、娘家开婆家兄弟的歌

1.

阿伯阿叔腊尼骂，

Ad pad ad shub lad nit mab,

侄子一样埋浪得。

Zhid zid yid yangb manb nangb deid.

自古男婚女要嫁，

Zid gud nanb hund nit yaob jiab,

皇上不能养女者。

Huangb shangb bud nengb yangb nit zhed.

他弄剖酷嘎埋昂，

Tab nongd boud kub gad manb gangd,

几卜达细拢当特。

Jis pub das xit longb dangx teib.

杀猪斩羊号昂爬，

Sad zhub zhand yangb haod gangd pab,

能数服抽剖都色。

Nengb shud fub choud boud doub sed.

都色尼卜空口话，

Doud sed nib pub kengb koud huad,

头板加乙几娄内。

Toub banb jias yid jid ned nieb.

阿伯阿叔也是爸，侄子一样你儿也。

自古男婚女要嫁，皇上不能养女者。
今天我们来你家，你们商量来待客。
杀猪宰羊钱花大，酒醉饭饱来感谢。
感谢是讲空口话，我的面上失了色。

2.

接礼
Jieb lid

做客埋拢闹剖昂，
Zuob keb manb longd laob boud gahx，
礼松佩汝几良抖。
Lid songb peib rub jid liangb dous.
阿板兰弄情义大，
Ad biab lanb nongb qingb yis dab，
佩足佩汝扛剖标。
Peib zud peib rub gangb bout boud.
几没待情埋内卡，
Jib miex daib qingd manb niex kat，
单意出起列关否。
Dand yid chub qid lieb guanb woud.
接埋浪礼周哈哈，
Jied manb nangd lis zhoub had had，
感谢巴秋埋浪久。
Gand xieb bad qiut manb nangd jius.

做客来到你们家，礼行你们多多有。
这个亲家情义大，配得齐全大大手。
招待不周要管他，开亲结义望长久。
接你的礼笑哈哈，感谢亲家大款头。

七、娘家开新郎哥兄互唱的歌

1.

拔秋吉标浪阿崔，

Pad quid jid boud nangd as chuib,

长子蒙尼窝比得。

Zhangb zid mengb nib aod bid deis.

要做一家人合细，

Yaob zuob yid jiad renb huob xid,

那勾吉汝嘎儿北。

Nas goud jid rus gad jis beib.

好子好儿家不退，

Haod zid haod res jiad bus teib,

好了兄弟莫分别。

Haod led xiongb dib mob fend bieb.

靠蒙炯勾召豆会，

Kaob mengd jongd goub zhaob deis huid,

发家致富叉单得。

Fad jiad zhid fub chaob dais deis.

配你没有什么配，

Peib nid meis youd shenb mob peib,

加汝降蒙列嘎克。

Jias rus jiangb mengd lied as keib.

礼松欠少莫在意，

Lib songb qianb shaod mod zanb yid,

出汝几篓意前色。

Chub rus jid neb yid qianb sed.

歌唱家中的兄弟，长子我对大哥说。
要做一家人和谐，兄弟一家要团结。
好子好儿家不退，好了兄弟莫分别。
靠你引导往前去，发家致富才可得。
配你没有什么配，好丑也要伸手接。

礼行欠少莫在意，以后好了再填上。

2.

那苟喂卜扛蒙洞，
Nas goub weib pub gangb mengb dongb,
抬耳听话洞喂说。
Tanb ert tind huad dongb weid shuib.
大嫂嘎弄龙埋炯，
Das shaob gab niengb longb mand jongd,
嘎苟否出外来客。
Gab goud woub chud wanb laid keib.
团结扛拿忙窝桶，
Tanb jieb gangb nas mangb deib tongb,
必求阿邦汝忙得。
Peib qiub as bangd rud bangb deib.
埋叉出发亚出令，
Manb chab chub fad yab chud liongb,
修茶累包照白热。
Xioub chab lieb beb zhaob beix reib.

兄弟我讲送你听，抬耳听话听我说。
大嫂她进你家门，不要看作外来客。
团结本是一家人，好似一桶蜜蜂色。
你们发达又繁荣，秋收满仓笑眯眯。

3.

帮新郎哥兄接礼
Bangb sind nangb guod xiongs jieb lid

心情舒畅作歌言，
Xind qingb shub changb zuob ged yand,
喜爱搭陪吉架莎。
Xid aid dad peid jib jias sead.

埋号安梁居住剖浪板，

Manb haob and liangs jib zhub bout nangd biab，

喜度鹊桥吉勾叉。

Xid dub qiet qiaob jib goud cab.

天生一对好姻缘，

Tianb shengd yiid duis haob yins yuanb，

不是姻缘不相乜。

Bub shib yind yuanb bub xiangt niad.

嫁妆送汝费力埋，

Jiad zhuangs songb rub feib lid manb，

送配送汝列见沙。

Songb peib songb rub lieb jianb sead.

腊尼那拢配齐全，

Lad nit nad longd peib qix qianb，

尼纵奶奶莎相假。

Nit zongb liet liet sead xiangd jias.

阿摧浪久埋腊干，

Ad zuib nangd jius manb lad ghab，

阿那浪求埋腊咱。

Ad nat nangd qius manb lad zad.

扛剖到补再到满嫂先，

Gangb boud daob pub zaid daob manb shaob xianb，

再扛包周大朵花。

Zaib gangb baod zhoub dad duob huas.

接埋浪礼心所愿，

Jieb manb nangb lid xins suob yuanb，

心情舒畅周哈哈。

Xingb qingb shud changb zhoub had had.

腊尼那拢浪发财，

Lad nit nab longd nangd fab cais，

多谢窝兰埋亲家。

Duos xieb aod lanb manb qingd jias.

心情舒畅作歌言，喜爱搭陪把歌搭。

你们安梁居住我家来，喜度鹊桥来我家。

天生一对好姻缘，不是姻缘不相乜。

嫁妆送好费银钱，送好送多要钱花。

也是如此配齐全，是人个个都看傻。

大哥你们也看待，兄弟你们也送他。

我们得礼再得满嫂来，再送被褥大朵花。

接你的礼心所愿，心情舒畅笑哈哈。

也是如此大发财，多谢娘家谢亲家。

八、娘家开新郎弟弟互唱的歌

1.

得油浪久扑打逃，

Deis youb nangd jioud pub das taob,

关扑打逃照拢洞。

Guanb pud das taob zhaob longb dongb.

送秋拢单埋阿告，

Songb qiub longd dais manb as gaob,

大嫂当送埋浪纵。

Das shaob dangd songb mand nangb chongd.

蒙出得勾本年少，

Mengb chub deis goub bend nianb shaob,

应受关怀我也懂。

Yind soub guanb huanb wod yeb dongb.

娘家吉标礼松要，

Niangb jias jid boub lid songd yaob,

几到窝求勾几拢。

Jid daos aod qiub goud jid longb.

筐起头写奈反照，

Kuangd qib toub xied nanb fanb zhaob,

纵列出起关否红。

Zhongb lieb chud qib guand woub hongb.

兄弟家中也要报，也讲几句要听从。
做客我来你家到，大嫂接进你家中。
你是小哥本年少，应受关怀我也懂。
娘家贫穷少礼貌，没有什么交手中。
宽心莫讲礼物少，宽想远看要从容。

2.

接礼
Jieb lid

作情勾莎出阿气，
Zuob qingb goud sead chub ad qis，
按照情节出莎涌。
And zhaob qingb jieb chub sead yongb.
佩剖浪标最提提，
Peib boud nangd boud zuix tid tid，
钱米花费久阿充。
Qianb mid huab feib jiud ad chongs.
得油浪久埋腊佩，
Dex youd nangd jiud manb lad peis，
扛汉将乔贪子岭。
Gangb haid jiangs qiaob tanb zid liongb.
接埋浪礼不过意，
Jiex manb nangd lid bub guob yis，
拿几抱愧在心中。
Nad jib baod kuis zais xins zhongb.
格埋娘家汝情义，
Gied manb niangx jiad rub qingb yid，
从汝相蒙嘎养浓。
Zongb rub xiangt mengd gad yangb niongb.
好情要把心中记，
Haod qiangb yaob babd xins zhongb jib，
产豆吧就几陇蒙。

Chanb dous bad jius jib longd mengb.

依情把歌唱一回，按照情节唱出声。
礼物配我很过细，钱米花费很多银。
送了大哥送小弟，送这毯子崭崭新。
接你的礼不过意，很是抱愧在我心。
娘家真的好情义，好情记住不忘恩。
好情要把心中记，千年记住大恩情。

3.

阿那得苟苟善将，
Ad nat dex goud goud shait jiangs，
礼松配汝久内咱。
Lid songb peib rub jiud niex zas.
阿油阿攉埋腊扛，
Ad youb ad cuib manb lad gangb，
埋浪从汝嘎养大。
Manb nangd zongb rub gad yangb dab.
汝秋汝兰汝钱当，
Rub qiut rub lans rub qianx dangt，
佩足佩汝我都拿。
Peib zud peib rub wod dous nax.
几扣窝兰浪航上，
Jid kout aod lanb nangd hangb shangb.
多谢亲家巴秋那。
Duos xieb qingb jiab bad qiut nat.

哥兄老弟放心了，礼物丰盛要钱花。
大哥老弟都顾到，你们情意真的大。
好亲好戚完全好，送的礼品我都拿。
空话一句感谢了，多谢你们大亲家。

九、娘家开婆家妯娌互唱的歌

1.

萨忙够扛内欧秋，

Sead mangb geud gangb nieb oud qiub，

那勾到秋蒙腊到达嫂。

Nad goub daos quid mengd lad daos das shaob.

炯牙共苟闹留吾，

Jongd yas gongd goub laob lioub wud，

天晴同去啰柴草。

Tiand qingb tongb qud lob chanb chaob.

雷锐会求帮苟录，

Lib ruib huis quib bangb goud lub，

几穷窝得蒙列包。

Jis qiengb aos deis mengb lieb daod.

久包亚洽内苟错，

Jiud daob yas qiab nieb goud cuob，

从忙降蒙列嘎招。

Chongb mangb jiangd mengb lies gad zhaod.

出散出茶会兵竹，

Chus shand chud chab huid bengd zhub，

处处同玩一路跑。

Chud chub tongb wand yid lud paod.

娘家浪求尼内录，

Niangb jias nangb quib nid nieb nub，

几到窝求拢打交。

Jis daod aod qiub longb das jiaob.

剖浪窝求欠礼物，

Doud nangb aod qiub qianb lid wus，

玩个礼行把心表。

Wanb ged lid xingx bad xind biaod.

歌言要唱妯娌述，兄弟得妻你也得大嫂。

引她去到水井处，天晴同去打柴草。
上山打菜要一路，不知地名你要报。
不报又怕她搞错，早夜你也要周到。
劳动生产把门出，处处同玩一路跑。
娘家面上家不富，没有礼物来打交。
我们方面欠礼物，玩个礼行把心表。

2.

欧秋吉标锐缪洞，

Oud quid jid bous ruib moud dongb,

洞喂卜牙蒙浪久。

Dongb weib pub yad mengb nangb jioud.

大嫂亲亲尼麻炯，

Das shaob qind qind nib mab jongd,

必求打奶浪牙苟。

Bid quid das lied nangb yas goud.

擂锐让豆埋吉龙，

Nieib ruid rangb doux mand jid longb,

闹处归家一路走。

Laob chub guid jiad yis lud zoud.

走油阿巧麻浓虫，

Zoud yaob as qiaod mad niongd chongx,

喂列候蒙蒙候喂。

Weid lies houb mengb mengd houb woub.

相好和睦情义重，

Xiangb haod hed mub qingb yid zhongb,

如同吉炯阿娘叟。

Rub tongb jid jiongb as niangb soud.

歌唱妯娌你要听，听我唱歌送你们。
大嫂亲亲是真情，好似姊妹共相亲。
打柴割草同出门，上坡归家一路行。
担子不论重或轻，帮你帮我是本分。

相好和睦情义重，如同共是一母生。

3.

接礼
Jiex lid

送秋拢单剖阿告，
Songb qiut longd dand bout ad gaox,
老勾将闹剖浪冬。
Laob goud jiangd laob bout nangd dongt. .
娘家浪兰汝窝绕，
Niangx jiad nangd lanb rub aod raob,
嫁妆配汝久阿充。
Jiad zhuangb peib rub jiud ad chongb.
欧秋浪久埋扑召，
Out qiut nangd jiud manb pub zhaob,
欧公浪求埋克林。
Out gongb nangd qiub manb ked liongx.
佩汝扛否否干到，
Peib rub gangb woud woud gand daob,
埋浪从汝相蒙嘎养浓。
Manb nangd congb rub xiangt mengd gad yangb niongb.
出莎都色呕打逃，
Chub sead dous sed out dad taob,
多谢窝兰浪浓纵。
Duos xiet aod lanb nangd niongb zongx.

嫁女来到我家内，贵女嫁到我们村。
娘家的礼很过细，嫁妆配足多得很。
妯娌你们把礼配，娌妯你们也关心。
礼物送她她欢喜，你们情意如海深。
感谢歌言表几句，多谢你们的礼品。

4.

欧秋欧公埋腊扛，

Oud qiut oud gongb manb lad gangb,

阿内阿蒙费心力。

Ad niax ad mengx feid xinb lid.

大富人家的模样，

Dad fub renb jiad ded mos yangb,

礼松配汝配足齐。

Lid songb peib rub peib zux qit.

我们不如你航上，

Wod mend bub rub nid hangb shangd,

自己抱愧在心里。

Zib jid baod kuib zais xind lid.

接到礼物周几刚，

Jied daob lid wud zhoub jid gangb,

感谢窝兰巴秋乙。

Gand xieb aod lanb bad qiut yid.

妯娌你们看周详，亲家方面费心力。
大富人家的模样，礼行配好配足齐。
我们不如你行上，自己抱愧在心里。
接得礼物我心畅，感谢亲家好情意。

十、娘家开亲家夫妇互唱的歌

1.

依理言情作歌唱，

Yid lis yanb qingb zuob goud changb,

按照情节唱一点。

And zhaob qingb jies changb yid dians.

歌中不讲是别项，

Guod zhongb bub jiangb shib bied xiangb,

实际列拢扑麻单。

Shib jid lieb longd pub mab dans.

列扑剖拢浪情况，

Lieb pub bout longd nangd qingx kuangb,

汝虐送勾闹埋板。

Rub niub songb goud laob manb biab.

嫁妆配女没一样，

Jiad zhuangs peib nit meix yid yangb,

送秋尼会斗几玩。

Songb qiut nit huib dous jib wand.

缺少礼物心中昂，

Qieb shaob lid wux xinb zhongb ghax,

抱愧巴都家贫寒。

Baod kuib bad dous jiad pingx hais.

家贫寒苦做不像，

Jiad pingx hais kud zuob bub xiangt,

要见要嘎巴都难。

Yaob jianb yaob gad bad dous nans.

最秋最兰达忙忙，

Zuix qiut zuix lanb dad mangb mangb,

弄几汝乙拢咱埋。

Nongb jit rub yid longd zas manb.

度标热情来关望，

Dus boud rex qiangd laix guans wangb,

多谢东家浪窝兰。

Duos xieb dongs jiad nangd aod lans.

休闹长猛心不放，

Xiud loab zhangs mengd xind bub fangb,

勾休招将扛久埋。

Goud xiut zhaob jiangs gangb jiud manb.

勾休年小窝就让，

Goud xiut nianb xiaob aox jiub rangb,

不知礼仪想安天。

Bub zhid lib yis xiangt and tiant.

没昂开否步没内包单明丈丈，

Meix ghax kait woud bub meix niex baod dand miongb zhangs zhangs,

希望你们要多喊。

Xid wangb nit mend yaod duos hans.

知人待客浪行上，

Zhid rens daix ked nangd hangb shangs,

少有礼貌和方言。

Shaod youd lid maob heb fangb yanb.

生成几通腊几当，

Shangd chengb jib tongb lad jib dangt,

嘎忙加想洞枉单。

Gad mangb jias xiangt dongb wangd danb.

标标浪得弄拢羊，

Boud boud nangd dex nongb longd yangb,

难到完全勾写满。

Nand daob wanb quanb goud xied manb.

列沙列包列扑扛，

Lieb sat leib baod lieb pub gangb,

私意嘎出窝起矮。

Sid yid gad chub aod qid ans.

汝勾雷锐让斗求窝帮，

Rub goud lid ruit rangd dous qiub aot bangt,

从忙将埋嘎出干。

Congb mangb jiangd manb gad chub gad.

埋列君子有容话有量，

Manb lieb jund zid youd rongb huad youd liangb,

单意出写列奈反。

Dand yis chub xies lieb nand fant.

在家由其父母放，

Zaid jiab youd qis fub mud fangb,

出嫁随从丈夫管。

Chub jias suib zongb zhuangs fud guanb.

丈夫莫讲高一丈，

Zhuangs fub mod jiangb gaod yid zhangs，
阿睡平等阿羊善。
Ad shuid pingb dengs ad yangb shuit.
耕读为本家兴旺，
Gend dub weib bengb jiad xind wangd，
发家致富同内单。
Fab jiad zhid fux tongb neix dand.
照龙养出写阿挡，
Zhaob longd yangb chub xied ad dangb，
列扛拿娘起首照。
Lieb gangb nad niangx qis shoub zhaob.

依理言情作歌唱，按照情节唱一点。
歌中不讲别一项，实际要讲话真言。
要讲嫁女的情况，黄道吉日是今天。
嫁妆配女没一样，嫁女都是空手来。
缺少礼物心中昂，抱愧自己家贫寒。
家贫寒苦做不像，钱米少了都为难。
是亲都来到家堂，我们面上没得脸。
主家热情来关望，多谢东家看得远。
今天我们动脚回家心不放，女儿留下你一边。
女儿年少行不当，不知礼仪不知全。
有时她也可能睡到大天亮，希望你们要多喊。
知人待客的行上，少有礼貌和方言。
生成不通做不当，不要歪想走枉担。
家家儿媳是这样，难得完全把心满。
要教要说话要讲，私意莫做把心偏。
只好割草打柴上山岗，早夜你们莫冒烟。
你们君子有容话有量，会想也要想得宽。
在家由其父母放，出嫁随从丈夫管。
丈夫莫讲高一丈，一样平等一样待。
耕读为本家兴旺，发家致富如东海。
阿婆啊，宽想还要多宽想，要和你的一样生从你心肝。

2.

卜单阿内和阿蒙，

Pub dais as nies hed as mengb,

欧奶欧图费心烈。

Ous nieb ous tub huid xind lieb.

过礼埋苟银圆共，

Guob lis manb goud yins yuanb gongb,

钱米花费久考色。

Qianb mid huas huid jius kaod suid.

请客婚礼足斩劲，

Qingd keb huns lid zus zanb jinb,

莎尼大富浪标内。

Shab nid das fux langx boud nied.

他弄剖标苟秋送，

Tab nongb boud boub goud quid songd,

嫁女一样都每得。

Jiab nvd yis yangb dous meib des.

家下贫寒要久绒，

Jias xib pingb haid yaod jioub rongs,

嫁妆礼仪我晓得。

Jias zhangb lid yid wod xiaob deb.

一世生来我无用，

Yis sid shens laix wod wus yongb,

头半加乙召堂内。

Toub band jias yis zhaob tangb nied.

佩加佩下关否红，

Peib jias peid xiab guand wous hongd,

蒙列远看几够克。

Mengs lied yanb kanb jis goud keib.

讲到婆婆和公公，两个人都费心力。

过礼你把银圆用，钱米花费不可惜。

请客婚礼大钱用，都是大富人所为。

今天我家把亲送，嫁女一样都没齐。
家下贫寒力不从，嫁妆礼仪我晓得。
一世生来我无用，丢丑无面来见你。
缺少礼物愧心中，你要远看在心里。

3.

接礼
Jieb lid

出卡拢通剖浪标，
Chub kab longd tongt bout nangd boud，
老勾将闹剖浪得。
Laob goud jiangd laob bout nangd deb.
嫁妆佩汝几良偷，
Jiad zhuangs peib rub jib liangb toud，
腊尼那拢配齐彻。
Lad nit nad longd peib qit ched.
双提炮豆共出抽，
Shuangb tib paob dous gangb chub choud，
补内补蒙尖尖没。
Pub nied pub mengd jiand jianb meid.
扛汉包抱拿几头，
Gangb haid baod baob nad jib toud，
吉报面子尼提尼。
Jid baod mianb zid nit tid nit.
接到相蒙几刚周，
Jied daob xiang mengd jid gangb zhoub，
欢喜高上最心热。
Huanx xid gaod shangb zuib xind reb.
到他快夫一辈子，
Daod tad kuanb fub yid beis zis，
内松内标汝猛乖。
Niex songb niex boud rub mengd guad.

费力度秋埋浪久，

Feib lid dus qiuq manb nangd jius，

汉拢本尼窝兰乖。

Haid longd bend nit aod lanb guas.

勾度钱色陇吉口，

Goud dub qianb sed longd jis koud，

出莎打逃拢都色。

Chub sead dad taob longd dous sed.

做客来到你家走，小女出嫁我家来。

嫁妆配得样样有，也是这等配齐全。

布匹件件有搞头，公婆面上都优待。

送的都是新被子，面子上面是花缎。

接得礼物笑悠悠，欢喜高上加喜欢。

幸福快乐一辈子，好软好睡又好眠。

费力亲家情意厚，这等本是老主财。

感谢就拿一张口，得歌几句表情怀。

4.

卜单阿内合阿蒙，

Pub dand ad niet hed ad mengb，

欧求欧奶埋克咱。

Out qiut out liet manb ked zad.

嫁女埋苟得拔送，

Jiad nit manb goud des pad songb，

礼松出汝久几良。

Lid songb chub rub jiud jid liangb.

拿弄林从情意重，

Nad nongb liongb congb qiongb yid zhongb，

皮接礼仪剖皮加。

Pib jied lib yis boud pid jias.

得拔扛求剖浪宗，

Dex pab gangb qiub boud nangd zongb,

再到发财一坡叭。

Zaid daob fab caib yid pod bas.

都色几口照嘎弄,

Doud sed jib koud zhaob gad nongb,

感谢窝兰埋亲家。

Gans xieb aod lanb manb qins jiad.

讲到亲家礼物重,婆家夫妇都感谢。

嫁女你们把亲送,礼行各样都配得。

你们亲家情意重,礼仪我们都迎接。

女儿嫁到我家中,再得发财我心热。

多谢你们的礼用,感谢你们费心烈。

十一、娘家开新郎互唱的歌

1.

斗谢浪久扑打逃,

Doud xiet nangd jiud pub dad taob,

加汝将蒙列关否。

Jiad rub jiangs mengd lieb guand woud.

蒙尼书家才子浪那要,

Mengd nit shub jiad cais zid nangd nad yaod,

读过诗书礼春秋。

Dus guod shid shub lid chund qiud.

聪明听我呆来报,

Congd mingb tingd wod dand lais baod,

关扑打逃照拢周。

Guanb pub dad taob zhaob longd zhoub.

奶奶到欧腊列照,

Liet liet daob oud lad lieb zhaob,

列扛拿娘吉炯阿娘首。

Lieb gangb nad niangx jid jiongb ad niangx shoub.
夫如顺从莫骄傲，
Hud rub shund zongb mod jiaod aos,
窝浪三刚没头抽。
Aod nangd sand gangd miex toud chous.
耕读为本最可靠，
Gend dus weid bend zuid ked kaob,
农林牧副全丰收。
Nongx liongx mub fud quanb fengb shoub.
没能没陇没昂号，
Miex nongb miex longd mied ghax haob,
穿吃二字完全有。
Chuanb chib erb zid wand quanb youd.
他拢配加蒙列嘎吉绕，
Tad longd peib jiad mengd lieb gad jib raob,
出写阿挡想几够。
Chub xieb ad dangb xiangt jib goud.
内蒙吉标加无要，
Niex mengd jib boud jiad wud yaob,
开亲欧告见阿标。
Kaib qinb out gaox jianb ad boud.

新郎听我歌来造，莫管是好还是丑。
你是书家后人才子高，读过诗书礼春秋。
聪明听我呆来报，也说几句报你知。
人人得妻要关照，要如同娘共母育。
夫妇顺从莫骄傲，三纲书内讲得有。
耕读为本最可靠，农林牧副全丰收。
有吃有穿哈哈笑，穿吃二字完全有。
今天配你礼物实在少，差了不能把心忧。
娘家贫穷少礼到，开亲就是一家子。

2.

洞浓那林出莎友，

Dongb niongb nab liongb chub sead youb,

洞喂内然出莎玩。

Dongb wed niex rad chub sead wand.

开亲走照剖兰走，

Kaib qinb zoub zhaob bout lanb zous,

走照兰走家贫寒。

Zoub zhaob lanb zoub jiab pingb hais.

阿气埋少送见送嘎闹剖标，

Ad qib manb shaob songb jianb songb gad laob bout boud,

扛剖那照汝猛度荒年。

Gangb bout lab zhaob rub mengd dus huangb nianx.

忙拢剖叉几到窝求苟送苟，

Mangb longd boub cad jib daob aod qiub goub songb goub,

迷奶尼会斗几玩。

Mix liet nit huib dous jib wanb.

扯破耳朵不到口，

Cheb pob erd duob bub daob koud,

各人抱愧在心边。

Goud renb baob kuid zaid xins bianb.

得谢也是半边子，

Dex xiet yed shib band bianb zis,

尼没列扛达起见。

Nit miex lieb gangb dad qis jianb.

尼扛提共提巧苟配周，

Nit kangb tid gongb tid qiaot goud peib zhoub,

头板加乙几拢埋。

Toud biab jiad yis jib longd manb.

出谢窝求列关否，

Chub xiet aod qiub lieb guanb woud,

单意出写列奈反。

Dand yid chub xieb lieb nand fant.

扛蒙荣华富贵得长久，

Gangb mengd rongx huab fub guid deb changes jiud，

子孙代代出官员。

Zid sunb daid daid chub guanb yuanb.

听我又把歌言扭，听我人愚唱歌言。

开亲碰着我家丑，碰着家丑家贫寒。

那时候你们过礼来到家里头，让我们六月好去度荒年。

现在我们缺少嫁妆心里忧，个个都是空手来。

扯破耳朵不到口，各人抱愧在心边。

新郎也是半边子，有礼要送才心安。

只送旧布差布把脸丢，真的害羞无脸面。

新郎也要宽心头，宽宽地想远远看。

送你荣华富贵得长久，子孙代代出官员。

3.

得谢喂捕扛蒙洞，

Dex xiet wed pub gangb mengd dongb，

内共他拢苟蒙沙。

Niex gongb tad longd goud mengd sead.

终身靠你要义重，

Zhongd shengd kaob nit yaod yis zhongb，

几苦吉汝来当家。

Jib kud jib rub laib dangb jiad.

几关嘎几列吉龙，

Jid guanb gad jib lieb jib longd，

打工劳务嘎几拔。

Dad gongb laox wud gad jib pad.

他拢列转吉现穷，

Tad longd lieb zhuanb jib xianb qiongb，

同图抱墨干约虾。

Tongb tub baod mob gand yob xiad.

新郎我要唱一从，老人今天讲的话。
终身靠你要义重，夫妇和睦来当家。
不管到哪要一同，打工劳务莫分岔。
今天要系腰带红，打似墨打不偏差。

4.

帮新郎接礼
Bangb xind nangb jied lis

佩谢佩尾埋佩汝，
Peib xiet peib weid manb peib rub，
弄埋佩汝要内咱。
Nongb manb peib rub yaod niex zad.
到比佩谢帽高图，
Daob bid peib xiet maod gaox tub，
博士礼帽没的洽。
Pob shib lid maos mied ded qias.
西装衣服西装裤，
Xid zhuangb yid fub xid zhuangb kub，
再斗皮鞋尼龙瓦。
Zaid dous pib xieb nit longd wad.
汝拢闹街亚闹无，
Rub longd laob jied yad laob wud，
吉锐吉绕同得抓。
Jib ruit jib raob dongb deb zhuab.
尼内格咱儿查葡，
Nit niex gied zad jib chad pub，
几奶浪谢那阿昂。
Jib liet nangd xiet nad ad ghax.
汝从见猛阿产就，
Rub zongb jianb mengd ad chuanb jiud，
得谢几尼窝内假。
Dex xiet jib nit aod niex jiad.

新郎你们配礼物，你们配得太好了。
头上帽子也配足，真是博士大礼帽。
西装衣服西装裤，还有皮鞋尼龙袜。
穿去下街把客做，穿这袍子大马褂。
是人见了把目注，哪位排子这么大。
好情我们记得住，新郎不是呆人傻。

5.

出谢自尼半边子，
Chub xiet zid nit band bianb zis,
阿内阿蒙苟否苦。
Ad niex ad mengb goud woud kud.
当众堂屋炯白标，
Dangb zongb tangb wud jiongb baid boud,
亲戚六眷白出如。
Qind qis liub juanb baid chub rub.
宣扬是送众人知，
Xuanb yangb shib songb zongb rend zhid,
佩足佩汝阿充久。
Peib zud peib rub ad chongb jiud.
富足出嫁件种有，
Fub zud chub jiad jianb zhongb youd,
银钱花费万千数。
Yin qianb huab feib wanb qianb shub.
几娘苟冬吉候头，
Jib niangx goud dongt jib houb toud,
春夏秋冬候担六。
Chund xiab quid dongx houb dand liuub.
接到礼松几刚周，
Jieb daob lid songb jib gangb zhoub,
出谢浪求心满足。
Chub xiet nangd qiub xinb manb zub.

新郎本是半边子，好这岳丈和岳母。

堂屋满坐众客有，亲戚六眷都满屋。

宣扬是送众人知，各项礼品都配足。

富足出嫁样样有，银钱花费万千数。

以后农忙去帮手，春夏秋冬帮活做。

接得礼行笑悠悠，新郎面上心满足。

十二、娘家开婆家房族互唱的歌

1.

扑送总那闹总勾，

Pub songb zongx nat laob zongx goud,

那勾窝求费了力。

Nat goud aod qiub feib led lis.

埋号阿标奈剖熊阿柔，

Manb haob ad boud nand bout xiongb ad roub,

标标浪求莎单齐。

Boud boud nangd qiub seas dand qit.

照潮照茶列关否，

Zhaob ceb zhaob cab lieb guanb woud,

照见照嘎嘎考岁。

Zhaob jianb zhaob gab gad kaos suit.

对到勾休洞列欧，

Duid daob goud xiub dongb lieb oud,

扛否出斗出他号拢你。

Gangb woud chub doud chub tad haod longd nit.

你们都是亲叔子，

Nit menb dous shib qinb shub zid,

出林吉篓勾从笔。

Chub liongb jid ned goud congb bid.

能抽都色埋度标，

Nengd choub dous sed manb dub boud,

嘎弄卡卡陇难为。

Gad nongb kad kad longd nand weib.
几列窝求勾吉口,
Jib lieb aod qiub goud jib koud,
提巧提共埋列嘎斩起。
Tib qiaot tid gongb manb lieb gad zhand qit.

讲到叔爷和伯子,你们全都费了力。
你们每家每户请得有,家家户户到了齐。
花费银钱一大手,又花钱来又费米。
要想兄弟得妻室,让她发达发旺做富贵。
你们都是亲叔子,以后好了再谢你。
吃饱感谢是空口,感谢空拿一张嘴。
礼物什么都没有,烂布旧布你们不要看不起。

2.

列从列忙告那苟,
Lieb zongb lieb mangb gaox nat goud,
苟埋浪求费心力。
Goud manb nangd qiub feib xins lib.
埋浪侄儿否当欧,
Manb nangd zhib erb woud dangd ous,
内虫骂要莎拢最。
Niex changx mab yaob sead longd zuix.
议事商量出阿标,
Yid shib shangb liangb chub ad bious,
买菜要买到哪里。
Maid caib yaob maid daob nad lis.
亚闹花垣亚闹首,
Yad laob huab yuanb yad laob shoud,
车子列难阿竹儿。
Ched zid lieb nand ad zhux jit.
备办肉食样样有,
Beib banb roud shib yangb yangb youd,

山珍海味都买齐。

Shanb zhengd haid weib dous mai qib.

能抽几扣埋度标，

Nengd choub jib koud manb dub boud,

没有哪样把你配。

Miex youd nab yangb bad nit peib.

多谢全凭一张口，

Duos xieb quanb pingb yid zhangb koud,

出写阿挡嘎斩起。

Chub xied ad dangb gad zhuanb qit.

早饭夜饭费心头，你们方面费心力。

你们侄儿接妻室，叔伯人等都拢齐。

议事商量一家子，买菜要买到哪里。

要走花垣走吉首，车子要请哪个去。

备办肉食样样有，山珍海味都买齐。

又饱肉来又醉酒，没有哪样把你配。

多谢全凭一张口，也要宽想在心里。

3.

接礼
Jieb lid

听我把歌唱一遍，

Tingd wod bad goud changb yid bianb,

洞喂内然出莎阿。

Dongb wed niex rab chub sead ad.

打就接连天干旱，

Dad jiub jiex lianb tianb gans haib,

补就接连勾者巴。

Bub jiub jiex lianb goud zhed bad.

后头落雨有点慢，

Houb toud luob yud yous dian manb,

五谷几空开阳花。

Wud gus jib kongt kaid yangb huas.

八月秋收收成歉，

Bad yues quid shoub shoub chengd qianb，

秀先嘎哈他打便。

Xiub xianb gad had tad dat biat.

勾休当欧为了难，

Goud xiud dangs oud weid led nans，

窝桶几没潮勾哈。

Aod tongb jib miex chaob goud has.

苞谷粉粉来调菜，

Baod gus fend fend laib tiaob caib，

锐腊要浪列腊差。

Ruit lad yaod nangd lieb lad cait.

今把你们怠了慢，

Jinb bad nit menx dais liaod manb，

朋出几到窝求阿。

Pengb chub jib daob aod qiub ad.

剖腊扶贫衣服都穿烂，

Boud lad fud pingb yid fub dous chuans lanb，

欧弟迷花哈出嘎。

Oud dis mis huat had chub gad.

你把我们来看待，

Nid bad wod mend laid kans daib，

配剖吉留汝提抓。

Peib boud jib liub rud tib zhuab.

列奈才红如欧腊达奈，

Lieb nand caid hongt rux oud lad dad nand，

如汉欧先汝几瓜。

Rub haid oud xianb rub jid guas.

接蒙浪礼心所愿，

Jieb mengd nangd lid xins suob yuanb，

多谢窝兰几扣那。

Duos xieb aod lanb jib koud nat.

听我把歌唱一遍，听我几句歌言话。
几年接连天干旱，三年干旱雨不下。
后头落雨有点慢，五谷不肯开阳花。
八月秋收收成歉，叹气连声都无法。
老弟结婚为了难，锅子没有米来下。
苞谷粉粉来调菜，菜饭合着实在差。
今把你们怠了慢，想做没有什么耍。
我们扶贫衣服都穿烂，衣服破烂见棉花。
你把我们来看待，配的礼物礼品大。
得布要喊人剪裁，缝新衣服好玩耍
接你的礼心所愿，多谢我们的亲家。

4.
列从列忙浪那苟，

Lieb zongb lieb mangb nangd nat goud,

剖尼几炯阿奶太。

Boud nit jib jiongb ad liet taib.

吉炯阿奶剖乜叟，

Jid joongb ad liet pout niab soud,

发多大众才分开。

Fab duos dad zongb cais fend kais.

活像阿八背塔斗，

Hed xiangb ad bad bid tad dous,

手板手背肉一般。

Shoub biad shoub bid roub yid bans.

剖浪苟休否当欧，

Boud nangd goud xius woud dangs oud,

心中实在大喜欢。

Xind zhongb shib zais dad huanb xid.

家下贫穷剖内走，

Jiad xiab pingb qiongb boud niex zous,

对情不住窝兰埋。

Duis qingb bud zhud aod lanb manb.

总列出起嘎管否，

Zongb lieb chub qid gad guanb qoud，

出写阿挡想几宽。

Chub xies ad dangb xiangb jid kuanb.

接到礼松几刚周，

Jied daob lid songb jid gangb zhoub，

多谢窝兰巴秋埋。

Duos xieb aod lanb bad qiut manb.

早饭夜饭叔伯子，本是共同的祖太。

原本就是一母育，发多大众才分开。

好像双手的十指，手板手背肉一般。

我们小弟接妻室，心中实在大喜欢。

家下贫穷我心忧，对情不住我心寒。

总要宽想一阵子，会想也要想宽宽。

接得礼物笑悠悠，多谢你们亲家眷。

十三、娘家开婆家厨师互唱的歌

1.

莎休够扛大厨手，

Sead xiud goud gangb dad chub shoud，

厨手浪纵洞莎容。

Chub shoub nangd zhongb dong sead rongb.

你忙抱爬奈埋候几篓，

Nit mangd baod pad nand manb houd jib ned，

克否寿板阿者洞。

Ked woud shoub biab ad zheb dongb.

埋少抓到中缪久将斗，

Manb shaob zhuas daob zhongb mioud jiud jiangd dous，

勾否朋告爬久空。

Goud woud pengb gaox pad jiud kongt.

红拿朝里老将手，

Hongb lad zhaod lid laod jiangs shoub,

本领红拿武松冬。

Bend lingd hngd nad wud songb dongt.

埋再兄汉吾格勾疗否，

Man zaid xiongb had wud gied goud liaod woud,

查豆查斗勾比兄。

Chad dout chad doud goud bib xiongs.

单意切肉腊丝丝，

Dand yid qied roud lad sid sid,

巴得巴章腊几分。

Bad des bad zhangb lad jib fend.

五香大料办得有，

Wud xiangb dad liaob band des youd,

酱油味精办得浓。

Jiangb youd weid jins band des niongb.

就蒙浪冬弄洞标，

Jiud mengd nagd dongt nongb dongs boud,

几拉半娘阿者洞。

Jid lad band niangx ad zheb dongb.

扛剖奶奶腊将窝起口，

Gangb boud liet liet las jiangs aod qis koud,

能抽阿起白同同。

Nongx choub ad qid baid tongb tongb.

能抽几扣埋浪久，

Nongx choub jib koud manb nangd jius,

产柔吧就几拢从。

Chand rout bad jiub jib longd zhongb.

歌言唱送大厨手，厨手人众听歌音。

昨晚杀猪你们挽衣袖，看它跑遍南北程。

你们抓得耳朵不放手，杀猪你们很用劲。

好似朝里老将手，好似武松的本领。
你们烧起热水泡皮子，扯好猪毛刮干净。
又去割肉切丝丝，精肉肥肉切开分。
五香大料办得有，酱油味精办得浓。
香味浓浓扑鼻子，四下各处都满闻。
我们人人吃肉似虎口，吃饱喝醉喜盈盈。
感谢厨房和厨手，千年万代不忘情。

2.

卜送厨房埋浪久，
Pub songb chub fangd manb nangb jius,
阿堂内卡看你们。
As tangb nieb kab kanb nid menb.
吉相明当苟爬娄，
Jid xiangb miongb dangd goud pab noud,
产公吉话阿得声。
Chand gongb jid huab as deib shongb.
兄汉吾不苟辽否，
Xiangb haid wub boub goud liaob woub,
抓豆抓斗苟比兄。
Chab doub chaob doub goud bid xiongb.
开边吊召阶檐标，
Kaib biand jiaob zhaob geib yanb boud,
他写吉上抓窝温。
Tab xieb jid shangb chab aod wenb.
扣见将照浪晚斗，
Koud jiand jangb zhaob nangb wand dous,
起斗达务自苟冬。
Keib doub das fut zid goud dongs.
哭早及迟告如走，
Kub zhaob jid chib gaob rub zoud,
点火苟汉中苟拼。
Diand huob goud hanb zongb goud pingb.

如汉帮八格吉苟，

Rub haib bangb bad ged jid goub，

且西且卡久咱蒙。

Qieb xix qieb kab jioub zab mengd.

单弄得齐欧雅休，

Dais nengd deib qib oud yab xiud，

欧求补西同刀滚。

Out quid pub xib tongb daox guengb.

为剖苟浓那林口，

Weib boud goub lengb nad liengb koub，

班见沙沙剖安能。

Banb jiand shad shas boub and nongb.

扛埋肥皂苟茶斗，

Gangd mand huib zhaot goud chad dous，

笑梅向召嘎养充。

Xiaot meix xiangb zhaob gab yangd chongd.

茶叫相蒙汝排子，

Cax jiaob xiangb mengb rub panb zid，

尼内尼总江几兵。

Nid nied nib zongb zongb jid bongb.

歌言要讲厨房话，一堂客众看你们。

天还没亮把猪杀，宰猪不怕猪大声。

热水滚滚来泡它，扯下猪毛刮猪身。

开边破肚吊檐下，开肠破肚理干净。

煮肉锅子实在大，烧火马上起烟云。

火在灶膛燃一下，烧火用那烧火棍。

吹火腮帮鼓得大，烟火四下起灰尘。

汗水流得如雨下，黑抹乌烟满一身。

为了待客费力大，办成酒饭待我们。

送你肥皂洗一下，浑身洗得干干净。

洗好排子也不差，女人看见都动心。

3.

接礼
Jied lis

厨房浪久扑打逃，

Chub fangb nangd jius pub dad taob,

加汝将埋列关否。

Jiad rub jiangx manb lieb guanb woud.

度标浪久加无要，

Dub boud nangd jius jiad wud yaob,

勾埋浪求费了力。

Goud manb nangd qiub feib led lid.

要昂要酒扛埋号，

Yaod ghax yaod jiux gangb manb haod,

相蒙实在对不起。

Xiangt mangd shib zaib duis bub qis.

初锐几斗窝求照，

Chub ruit jin dous aod qiub zhaob,

一半豆儿两半水。

Yid band dous erd lingb band shuib.

扛埋嘎从标冬吉忙叫，

Gangb manb gad zongb boud dongt jib mangd jiaos,

斗炯哭早吉交西。

Dous jiongb kut zaot jib jiaot xis.

窝斗乖同巴嘎闹，

Aod dous guat dongs bad gad laob,

主蒙主梅炯打意。

Zhud mengd zhud miex jiongb dad yis.

内号配埋向梅茶梅香烟和肥皂，

Niex haob peid manb xiangb miex cad miex xiangb yand hed feib zaob,

赶快急忙去舀水。

Gand kuaib jid mangb qis yaod shuib.

浪当茶浪勾扛叫，

Nangd dangb cad nangs goud gangb jiaob,

茶叫相蒙长汝最。

Cad jiaob xiangt mengd zhangd rub zuis.

扛内扑洞阿高得那本巧妙,

Gangb niex pub dongb ad gaox dex nat bend qiaob miaod,

果蒙果梅配腊配。

Guod mengd guod miex peib lad peib.

长单吉标内吉乔,

Zhangd dand jib boud niex jib qiaob,

扑洞剖浪打戎打潮长单乙。

Pub dongb boud nangd dad rongb dad cab zhangs dans yid.

得得浪内格咱江起踏几到,

Dex dex nangd niex gied zad jiangs qid tad jib daob,

干干吉研照窝起。

Gand gand jib yans zhaob aod qit.

厨房听我把你报,好坏你们莫心悔。

主人家里家财少,把你方面费了力。

少肉少酒难办到,真的实在对不起。

添菜意思多不好,一半豆儿两半水。

你们一天到晚忙不完,都在灶堂受烟灰。

双手黑了难洗掉,脸上黑黑的脸皮。

你家配送你们洗脸帕子香烟和肥皂,赶快急忙去舀水。

慢慢洗得干净了,洗得干净人才美。

人们才讲一帮小哥本巧妙,脸上颜色放光辉。

等你回转家里到,我们的龙子龙哥转家回。

孩儿的妈见了心中咚咚跳,暗暗喜欢在心里。

十四、娘家开婆家礼郎互唱的歌

1.

几扣打奶麻扑度,

Jid koub das lieb mad pub dus,

难为打图麻够莎。

Nanb weid das tub mas goub seax.

埋浪莎腊汝浪度腊汝，

Manb nangb seax lab rub nangb dub lab rub，

汝莎汝度汝几良。

Rub seax rub dub rub jid liangb.

告埋浪莎话不不，

Gaob mand nangb seax fab bub bub，

单埋浪度令哈哈。

Danb maid nangb dub lingb hab hab.

众人满满达细汝，

Zongb rend manb manb das xit rub，

添福添寿汝几良。

Tianb fud tianb shoub rub jid liangb.

剖浪礼物小小对不住，

Boub nangb lib wub xiaob xiaob deib bud zhut，

表个心情吧了差。

Biaob ged xind qingb bab leb chad.

感谢几个把情述，难为几位话行家。
你的歌也好来话也固，好歌好话真不差。
照你的歌发大富，依你的话发得大。
众人满满增福禄，添福添寿都发家。
我们礼物小小对不住，表个心情也管他。

2.

阿奶江度巴鸟抓，

As lieb jiangb dub bas niaob zhuab，

汝汉鸟先嘎弄求。

Rub haib niaob xianb gat nongb qioub.

卜阿炯浪发阿吧，

Pub as jiongb nangb fab as bab，

毕拿打声包拿缪。

Bib nas das shongd baob nas moub.

发人发家都来发，

Fab renb fab jiab doub laib fab，

全见莎发出阿苟。

Qianb jianb seax fad chub as goud.

书读理讲巴鸟惹，

Shub doub lib jiangb bab niaob roub，

多谢奉承你贵口。

Duob xieb fongb chengb nid guib koub.

莫嫌礼轻情意大，

Mob xianb lis qingd qingb yib das，

尼扛欧角钱当苟服酒。

Nib gangb oud jiaob qianb dangd goud fud jioud.

这个礼郎才高大，嘴巴有盐油也有。

讲一声来发百下，发如鱼虾海水游。

发人发家都来发，全部都发要登头。

书读理讲好嘴巴，多谢奉承你贵口。

莫嫌礼轻情意大，只送两角钱币去买酒。

3.

接礼
Jieb lid

总总几没够萨挂，

Zongb zongb jib miex goud sead guab，

强强几没勾度捕。

Qiangb qiangb jib miex goud dub pub.

剖娘浪鲁莎剖久加，

Bout niangx nangd lud sead bout jiud jiab，

内骂浪鲁度剖久熟。

Niex mad nangd lud dus boud jiud shub.

加同打油白同爬，

Jiad dongb dad yous baid dongb pad,

加良打爬白同油。

Jiad liangb dad pab baid dongs yous.

他拢架蒙到葡垮，

Tad longs jiad mengd daob pub kuab,

葡垮扛内谈几五。

Pub kuad gangb niex tand jis wud.

埋再亚扛见浪亚扛嘎，

Manb zaid yad gangb jianb nangd yad gangb gas,

扛见扛嘎拿拢久。

Gangb jianb gangb gas lad longs jiud.

梅见单斗周哈哈，

Miex jianb dand dous zhoub had had,

多谢东家浪兰久。

Duso xieb dongs jiad nangd lanb jius.

总总没有来讲话，歌唱平时我不搞。
没得爷娘的根把，父母也没把我教。
如同猪牛一样傻，好似牛猪的大脑。
今天搭你来赞夸，夸大其谈不得了。
你再送我钱币来打发，递送我接到手交。
取得在手笑哈哈，多谢东家情义好。

4.

婆家礼郎接礼

Pox jiad lis nangb jieb lid

卜喂江度巴鸟没，

Pub wed jiangs dud bad niaox miex,

实际堂内卜夸奖。

Shiib jid tangb niex pub kuans jiangb.

娘婆欧告发家业，

Niangx jiad out gaox fad jias yed,

德让少毕叟白让。

Des rangb shaob bid soud bais rangb.

共让尖尖沙见乖，

Gangb rangb jianb jianb sead jianb guat，

长寿百年炯苟夯。

Changs shoub baib niab jiongb goud hangs.

添福添寿添齐册，

Tianb fud tianb shoub tianb qit ced，

富贵双全又健康。

Fub guis shuangb quanb youd jianb kangb.

扛剖钱当喂当没，

Gangb boud qianx dangb wed dangb meit，

感谢亲朋周几刚。

Ganb xieb qins pengx zhoud jis gangb.

讲我礼郎把歌说，实际堂中你夸奖。

娘婆两面发家业，麒麟贵子跳龙床。

老少三班多福德，长寿百年把福享。

添福添寿添齐册，富贵双全又健康。

送我钱币把手接，感谢亲朋好思想。

十五、娘家开婆家择日先生互唱的歌

1.

难为先松欧打逃，

Nanb weid xiand songd oud das taob，

单意奈反洞喂友。

Daib yib nanb fanb dongb weib youb.

聪明才子浪那要，

Chongb mingb caib zid nangb nas yaob，

读过诗书礼春秋。

Dub guob shib shub lib chengb qioud.

埋浪吉标汝告绕，

Mand nangb jis boub rub gaob raob,

吉竹莎尼书香子。

Jid zub seax nid shub xiangb zid.

子丑寅卯八字告，

Zid choub yingb maob bab zhib gaob,

算到汝内拢请酒。

Shuanb daos rub nieb longb qingb jioud.

打便星斗照戎闹，

Das biat xinb dous zhaob rongb laod,

吉星高照闹剖标。

Jis xinb gaob zhaod laod boud boub.

打绒便判几然抱，

Das rongb biad panb jid rab daod,

人财两旺得长久。

Renb chanb nangb wangb deb changb jioud.

他拢配下蒙列嘎吉绕，

Tab longb peib xiad mengd lied gas jid raob,

单意出起列关否。

Daib yib chud qid lied guanb woud.

难为先生辛苦了，你要耐烦听罗头。
聪明才子做得到，读过诗书礼春秋。
你的家中懂礼貌，家门都是书香子。
子丑寅卯八字告，算得吉日来请酒。
天上吉星来高照，吉星高照乐悠悠。
好个吉日大黄道，人财两旺得长久。
今天感谢礼物配得少，你要宽容莫心忧。

2.

卜单阿奶窝江虐，

Pub dais as nieb aod jiangb nueb,

黄道吉日蒙克咱。

Huangb daod jid red mengd keib zhab.

天月二德锐几吾，

Tianb yeb erb deib ruib jid wub,

再斗紫微高照你打便。

Zanb doub zib weib gaob zhaob nib das bad.

推猛算常足克汝，

Teib mengd sanb changb zhub keib rub,

算到汝内叉当拔。

Shuan daob rub nieb chad dangb pab.

今天陪情陪不住，

Jind tianb peib qingb peib bub zhub,

要嘎开蒙嘎想加。

Yaob gab kaib mengd gad xiangb jiad.

讲到择日先生苦，黄道吉日你看好。

天月二德把握住，再有紫微高照在天朝。

推去算来看得足，算得吉日良辰高。

今天陪情陪不住，少有礼物谢你了。

3.

接礼
Jieb lid

汝内汝虐汝几良，

Rub niet rub nueb rub jib liangb,

头板浪汝几良久。

Toud biab nangd rub jib liangb jiud.

同戎同潮勾几瓦，

Dongb rongb dongb ceb goud jib was,

瓦潮瓦戎勾几吾。

Was ced was rongx goud jib wud.

出斗出他登打便，

Chub doud chub tad dengb dad biat,

出花出求发服夫。

Chub huat chub qiub fad hud fub.
莎尼度标汝元发，
Sead nit dub boud rub yuanb fab，
娘婆二家汝元夫。
Niangx jiad erd jiad rub yuanb fud.
先松尼候出勾达，
Xianb songb nit houb chub goud dad，
候剖欧告陇几捕。
Houd bout oud gaox longd jib pub.
埋号扛见扛嘎拢打发，
Man haod gangb jianb gangb gad longd dad fab，
勾度难为照拢久。
Goud dub nand weid zhaob longd jius.

好个黄道日子大，实在好得通天上。
二龙抢宝都拢达，双双对对凤朝阳。
金堆北斗富裕家，又发达来又兴旺。
都是主家好缘法，娘婆二家都吉祥。
先生是帮日子查，把我两家来商量。
你们送我钱币来打发，好话感谢听我讲。

4.

开单阿奶窝江虐，
Kaid dans ad liet aod jiangb niub，
黄道吉日班尖尖。
Huangb daob jib rid band jianb jianb.
天德月德莎吉无，
Tianb dex yued ded sead jib wud，
德星高照日长远。
Des xingb gaod zhaob rid zhangs yuanb.
克猛克常足算汝，
Ked mengd ked zhangs zus suanb rub，
算到汝内苟当兰。

Suanb daob rub niet goud dangs lans.
发家发人令不不，
Fab jiad fab rend liongb bub bub，
发达兴旺万千年。
Fad dad xins wangb wand qianb nianb.
几扣窝兰浪从汝，
Jid kous aod lanb nangd zongb rub，
喂到拿弄浪发财。
Wed daob nad nongb nangd fad caib.

开到一个择日子，黄道吉日都周全。
天德月德来得有，德星高照日长远。
看去看来看得透，算得吉日把亲开。
发家发人发长久，发达兴旺万千年。
感谢你们礼物厚，今天我也得发财。

十六、婆家开媒人互唱的歌

1.

难为够寿候儿通，
Nand weid goud shoub houb jid tongb，
娘婆二架叉见兰。
Niangb pob ers jias cas jianb lanb.
为侯出兰单误工，
Weid houb chub land dand wud gongb，
巴虐打内腊嘎关。
Bab niub dad niet lad gad guanb.
腊要吾首侯开容，
Lad yaob wud shoub houb kaid rongb，
侯剖欧告嘎天干。
Houb boud out gaox gas tianb giab.
少共窝考猛干容，
Shaob gongb aod kaod mengd giab rongx

跑通告告留吾斩。

Paos tongb gaox gaox liub wud zhuanb.

单虐当欧炯吉纵，

Dand niub dangd out jiongb jid zongx,

夫妻恩爱得长远。

Fuq qia end ais dex zhangs yuanb.

情重几拢蒙媒人，

Qingd zhongb jib longd mengd meib reb,

岔扛柔得柔嘎安。

Cab gangb rout deb rout gad ans.

剖毕几到蒙浪从，

Boud bis jid daob mengd nangd congx,

对人不住没得脸。

Duib rend bub zhub meis ded lians.

佩蒙要照汉礼松，

Peib mengd yaob zhaob haid lis songb,

纵列出起洞嘎关。

Zongb lieb chub qis dongx gad guans.

头板加乙几拢蒙，

Toud biab jiab yis jid longd mengs,

将蒙告求列恩宽。

Jiangb mengd gaox qiub leib end kuans.

难为媒人帮打通，娘婆二家把亲开。
为帮开亲耽误工，丢工了日也莫管。
开渠引水灌田中，帮我二面架天杆。
才拿锄头去开工，开通好井清水源。
到期花烛吉日红，夫妻恩爱得长远。
情重不忘红媒公，代代记情不忘怀。
我情不上要从容，对人不住没得脸。
配你礼物不中用，也要宽想在心间。
不好意思交手中，你的方面要恩宽。

2.

勾度难为够寿起，

Goud dub nand weix goud shoud qis，

几得洞浓勾萨容。

Jid dex dongs niongb goud sead rongx.

天上无云不下雨，

Tians shangb wud yunx bub xiat yud，

地下无水船不通。

Dib xiab wud shui chuanb bub tongd.

几通吉当列蒙起，

Jib tongd jib dangb lieb mengd qib，

勾桥架闹剖浪冬。

Goud qiaox jiab laob boud nangd dongt.

报答不了你情义，

Baod dab bub liaob nit qingb yud，

钱当阿分勾几拢。

Qianb dangt ad fent goud jib longd.

好情记在心中里，

Haod qingb jib zaib xins zhongb lid，

产柔吧就久拢丛。

Chans roud bas jiud jiud longd congb.

把话难为媒人起，堂中歌唱谢你言。
天上无云不下雨，地下无水不通船。
你帮讲得贵家女，你的情义记千年。
报答不了你情义，钱币一分你莫嫌。
好情记在心中里，千年万代记心怀。

3.

媒人自唱接礼
Meix rend zid changb jied lid

感谢宾主对媒言，

Gand xieb bingb zhub duib meix yans，

抬举介绍浓江江。

Taid jius jieb shaob niongb jiangs jiangs.

吉席请酒配良缘，

Jib xid qingb jiux peib liangb yuanb,

天落一对配成双。

Tianb luob yid duis peib chengd shuangb.

介绍候捕扛浓台，

Jies shaob houb pub gangb niongb taib,

自愿靠埋意双方。

Zid yanb kaob manb yid shuangb fangb.

男婚女嫁自古传，

Nanb hunb nit jiad zid gud chuanb,

皇上不能老女养。

Huangb shangb bub nengs laob nit yangb.

解放变了新世界，

Jied fangb bianb leb xins shib jied,

喜配良缘自主张。

Xid peib liangb yuanb zid zhus zhangs.

自觉自愿才喜欢，

Zib jueb zib yuanb cais xid huanb,

举案齐眉吉研养。

Jiud ans qit miex jin niab yangb.

感谢宾主对媒言，抬举介绍脸有光。
吉席请酒配良缘，天生一对配成双。
介绍是讲送浓台，自愿靠你们双方。
男婚女嫁自古传，皇上不能老女养。
解放变了新世界，喜配良缘自主张。
自觉自愿才喜欢，举案齐眉得久长。

4.

座席出莎表情意，

Zuob xid chub sead bianb qingx yis,

各位亲朋要关他。

Guob weid qinb pengb yaob guanb tad.

宾主抬举坐正位，

Bingb zhud taib jius zhuob zhengd weib，

感谢二姓娘婆家。

Gand xieb erd xingb niangx pox jiad.

朱陈好合来婚配，

Zhub chengd had hed laib hunb peib，

自愿结合喜酒呷。

Zid yaunb jieb heb xid jiux qiab.

天生一双配一对，

Tianb shengd yid shuangb peib yid duib，

前世姻缘才相乜。

Qianb shib yind yaunb caib xiangt niad.

射中雀屏大吉利，

Shend zhongb qied pingb dad jib lix，

万代荣华富贵花。

Wand dais rongb huad fub guis huab.

鸾凤和鸣来比翼，

Yuand fengb hed mib laib bid yis，

椿树暮云出阿嘎。

Chuns shub mod yunb chub ad gad.

双双好合千万岁，

Shuangb shuangd haob hed qianb wand suib，

兰桂腾芳坐满家。

Lanb guib tengb fangb zuob manb jiad.

凤毛齐美先提提，

Fengb maod qit meid xianb tid tid，

人财两旺令哈哈。

Renx caib liangb wangb lingb had had.

金口玉言汝吉追，

Jin koud yud yanb rub jib zuib，

吉油喂浪巴鸟发。

Jib youd wed nangd bad niaox fab.

座席作歌表情意，各位亲朋要管他。
宾主抬举坐正位，感谢二姓娘婆家。
朱陈好合来婚配，自愿结合喜酒呷。
天生一双配一对，前世姻缘才相乜。
射中雀屏大吉利，万代荣华富贵花。
鸾凤和鸣来比翼，椿树暮云情也达。
双双好合千万岁，兰桂腾芳坐满家。
凤毛齐美先提提，人财两旺笑哈哈。
金口玉言说得对，跟着我的吉言发。

5.

勾剖够寿勾克善，
Goud boud goud shoub goud keid shait,
勾剖克干几良养。
Goud bod ked gab jib liangb yangb.
剖闹埋标岔发财，
Boud laob manb boud cad fab caib,
吉油勾休架酒江。
Jid youb goud xiud jiad jius jiangb.
再金亚到吉口先，
Zaid jinb yad daob jib koud xianb,
子洋再到格度浪。
Zid yangb zaib daob gied dus nangb.
扛剖比爬嘎斩善，
Gangb boud bid pad gad zhuanb shait,
单意出起嘎加想。
Dand yis chub qit gad jias xiangt.
长猛齐闹剖浪板，
Zhangd mengd qit laob bout nangd biab,
嘎让几总周几刚。
Gad rangb jib zongb zhoub jib gangb.
架埋到汝打特反，
Jiad manb daob rub dad ted fand,

本元告特汝能养。

Bend yuanb gaox ted rub nongb yangb.

能久吉上猛几边，

Nongb jiud jib shangb mengd jib bianb，

总尼阿婆扑垮讲。

Zongb nit ad pox pub kuab jiangb.

把我媒人看得开，把我看重看得有。

我到你家找发财，跟着新娘来饮酒。

你们又送裤子来，钱币送在我的手。

又送猪头在前面，你们不要冷心头。

提转猪头把家转，儿孙看见笑悠悠。

搭你得了肉几餐，本也好吃浓在口。

吃了赶快又去骗，总是媒人讲夸口。

6.

礼郎帮媒人接礼
Lid langx bangb meix renx jieb lid

元齐虐满浪够寿，

Yuanb qit niub manb nangd goud shoub，

料嘎达寿候炯梅。

Liaob gad dad shoub houb jiongb miex.

列猛文王浪标求，

Lieb mangb wend wangb nangd boud qiub，

列求五王求小姐。

Lieb qiub wud wangb qiux xiaos jied.

说合成亲达起楼，

Shuod heb chengx qins dad qis loud，

门当户对红庚写。

Mend dangb hud duis hongb gend xieb.

姻缘要等天生赐，

Yinb yuanb yaob dengs tianb shengd cib，

得就毕得自奈内。

Dex jiub bid deb zid nand niex.

费力你把喜桥斗，

Feib lid nib bad xid qiaob dus,

打豆修汝打便克。

Dad doub xiud rub dad biet kes.

良松修猛汝剖楼，

Liangx songt xiud mengd rub boud lous,

添福添寿见猛乖。

Tianb fub tianb shoub jianb mengd guat.

东家谢你礼物厚，

Dongd jiab xieb nit lid wub houd,

人财两旺大可得。

Rend caib liangb wangb dad kous deb.

要把古典媒人唱，廖家达寿牵马爷。
要去讨亲梁文王，要去武王求小姐。
说合成亲才像样，门当户对红庚写。
姻缘要等天来降，明年有儿喊娘也。
费力你把喜桥上，地上修好添阴德。
良心修好享福长，添福添寿做老爷。
东家谢你礼物亮，人财两旺大可得。

7.

难为够寿拿弄久，

Nand weix goud shoub nand nongb jiud,

礼上谢钱苟拢补。

Lid rangb xieb qianb goud longd pub.

门当户对叉出秋，

Mend dangb hub duis cad chub qiut,

内那几转毕窝组。

Niex lad jib zhuanb bid aod cub.

在中在内锐几夫，

Zaid zhong zaid niex ruit jib fud,

前世姻缘闹苟虐。

Quanb shib yinb yuanx laob goud niub.

弄剖汉弄足夫录,

Nongb boud haid nongb zud fub lub,

义到发财喂久苦。

Yid daob fab caib wed jiud koud.

感谢某家的礼物,

Ganb xieb pox jiab deb lid wud,

斗初再列候埋出。

Doud chub zaib liab houb manb chub.

感谢媒人把线牵,礼上谢钱要来补。
门当户对把亲开,日月撮合在当初。
在中在内牵红线,前世姻缘好基础。
我们不苦是实在,得了发财我不苦。
感谢某家礼物件,若有再要把媒做。

十七、婆家开娘家舅爷礼互唱的歌

1.

拢汝窝炯图汝高,

Longd rub aod jiongb tub rub gaox,

汝高发麻图叉林。

Rub gaox fab max tub cab liongx.

人的后辈全堂好,

Renb des houb beis qianb tangb haos,

阿舅自尼把金炯。

Ad jib zhab nit bad jins jiongb.

蒙浪勾休将闹剖阿条,

Mengb nangd coud xiub jiangs laob bout ad tiaob,

蒙架服酒费力林。

Mengd jiab hub jius feib lid liongx.

蒙号红承度汝勾剖包，

Mengd haob hongb chengb dub rub goud boud baos，

单蒙浪度剖满松。

Dand mengd nangd dub boud manb song.

勾扛发千发万不得了，

Goud gangb fab qianb fab wanb bub dex liaod，

富拿东海留吾冬。

Fub nad dongs haid liux wud dongt.

扛蒙阿分钱当把心表，

Gangb mengs ad fengt qiangx dangb bad xins biaob，

江江汝浓烟阿中。

Jiangs jiangs rub niongb yanb ad zhongx.

越活越到寿年老，

Yed huob yed daob shoub niax laob，

去加古老浪年虫。

Qib jias gud laob nangd niab chongb.

竹好马鞭树苑高，好根发去树才登。

人的后辈全堂好，阿舅就是大树根。

你的孙孙出嫁到，你喝喜酒费力很。

你也奉承吉言把我报，应你的话我满心。

要送发千发万不得了，福如东海水潭深。

送你一分钱币把心表，仅仅只买烟一根。

越活越到寿年老，坐到古老的年成。

2.

几常卜送蒙阿打，

Jib zhangs pub songb mengd ad dab，

阿大欧奶出阿苟。

Ad dab out liet chub ad gous.

惊动埋浪龙虎驾，

Jind dongb manb nangd longd hub jias，

龙驾虎驾闹剖标。

Longd jiad hub jiad laob boud boud.

窝免将闹剖浪加，

Aod mianb jiangs laob boud nangd jiad，

蒙号几次费力拢服酒。

Mengd haob jib cis feib lid longd hub jiux.

吉油蒙浪巴鸟发，

Jib youd mengd nangd bad niaox fab，

奉承度汝保剖周。

Fengb chengs dus rub baos bout zhoub.

情重剖浪礼松下，

Qingd zhongb bout nangd lib songb xiab，

明人不灭礼仪有。

Mingb rend bub mies lib yis yooub.

又来唱到外公大，外婆两个当好头。

惊动你们龙虎驾，龙驾虎驾我家走。

小小孙女出了嫁，你也几次费力来喝酒。

跟看你的奉承发，奉承的话好长久。

情重我的礼行下，明人不灭礼仪有。

3.

接礼
Jieb lid

送秋送公埋送汝，

Songb qiut songb gongb manb songb rub，

弄埋佩汝要内咱，

Nanb manb peib rub yaod niex zad.

礼物礼品一大数，

Lib wud lib pind yis dad shub，

银钱花费久阿打。

Yinb qianb huab feib jiud ad dab.

众人满满莎没葡，

Zongb renb mans mans sead miex pub，

窝炯浪求埋腊咱。

Aod jiongb nangd qub manb lad zab.

出秋出兰碰大富，

Chub qiut chub lanb pengb dad fub，

汉拢本尼窝兰抓。

Haid longb bend nit aod lanb zhab.

扛剖接到相蒙周，

Gangb bout jied daob xiangt mengd zhoub.

多谢亲家几扣那。

Duos xieb qinb jiad jib koud nat.

嫁女礼品大礼物，礼物全面品质高。

礼物礼品一大数，银钱花费了不少。

众人满满都照顾，舅爷方面你看到。

开亲结义碰大富，这些本是情义好。

我们把礼来接住，多谢亲家你们了。

4.

窝炯剖尼巴炯拢，

Aod jongx bout nit bab jongx longd，

炯拢哈尼炯马便。

Jongx longd had nit jongx mad biat.

几过章照弄豆兵，

Jib guob zhangs zhaob nongb dous bingb，

花汉免弄善腊善。

Huab haod mianb nongb shait lad shait.

超过窝炯浪巴根，

Chaob guob aod jongx nangd bad gongb，

窝苟特挂打大干。

Aod goud ted ghad dad dab gans.

他弄出卡剖腊拢，

Tad nongd chub ghas boud lad longd，

阿舅浪求到此来。

Ad jiux nangd quid daob cis laib.

尼浓喂下埋卜浓，

Nit nongd wed xiab manb pub nongb，

吉共剖昂埋冬善。

Jid gongb boud ghax manb dongt shait.

对情不住兰窝根，

Duis qingb bub zhub land aod gens，

窝兰从汝喂几见。

Aod lanb zongb rub wed jib jianb.

后辈我是竹子根，本是竹根竹马鞭。

出土竹子大得很，发大根根大起来。

超过马鞭的根根，盖过竹根发满园。

今日做客我也行，舅爷面上到此来。

我也不是人上等，花花轿子你们抬。

对情不住莫忧心，你们情重记千年。

十八、婆家开娘家舅爷礼互唱的歌

1.

欧求开单埋姑娘，

Out qiub kaid dand manb gud niangx，

尼埋急内叉加酒。

Nit manb jid niet cad jiad jiud.

埋浪起写实足况，

Manb nangd qid xieb shib zud kuangb，

况起拿娘强吉吼。

Kuangb qid nad niangx qiangb jib houd.

埋拢出卡费心肠，

Manb longd chub kad feib xins changx，

扛汉包炯绣狮子。

Gangb haid baod jiongb xiud shib zis.

佩加佩要嘎几江，

Peib jiad peib yaod gad jib jiangx，

自尼欧角钱当苟服酒。

Zid nit out jiaox qianx dangt goud hub jiud.

下面开到你姑娘，是你兄弟才搭酒。

你们亲情很宽广，宽心好似场乾州。

你们贺喜费心肠，送来被褥绣狮子。

礼物差了莫歪想，只是两角钱币来买酒。

2.

接礼
Jieb lid

拢通埋标送得让，

Longd tongb manb boud songb dex rangb，

苟让将你埋浪标。

Goud rangb jiangs nit manb nangd boud.

待情内卡浓江江，

Daib qingb niex kad niongb jiangs jiangs，

平能昂亚平服酒。

Pingb nongx ghax yad pingb hub jiud.

再列苟礼佩姑娘，

Ziad lieb goud lis peib gud niangx，

礼松配汝几良抖。

Lid songb peib rub jib liangb dous.

接埋浪礼接上上，

Jied manb nangd liis jieb shangs shangs，

接到相蒙几刚周。

Jied daon xiangt mengd jib gahx zhoub.

来到你家把女嫁，小女嫁到你家留。

招待客人把钱花，又是吃肉又喝酒。

再配姑娘礼物大，礼行配送我接手。
接的礼物情记下，接得我也乐悠悠。

十九、婆家开新娘兄弟的歌

1.

卜求拔秋浪急内，

Pub qiub pad qiut nangd jis niet，

欧图补奶最好手。

Out tub pub liet zuid haos shoub.

埋尼吉炯骂浪得，

Manb nit jib jiongb mad nangd dex，

自尼亲亲汝牙苟。

Zid nit qins qins rub yad gous.

苟梅扛嘎剖浪德，

Goud miex gangb gad bout nangd des，

嘎从忙叫要几走。

Gad zongb mangb jiaob yaod jib zoub.

你们都要宽想些，

Nit mend dous yaob kuanb xiangt xieb，

列将叉见否阿标。

Lieb jiangs cad jianb woud ad bious.

情深义重喂都色，

Qingb shengd yid zhongb wed dous sed，

多谢全凭一张口。

Duos xieb quanb pingb yid zhangs koud.

讲到新娘兄弟也，两个三位是高手。
你们也是共娘爷，都是亲亲共母有。
小姐出嫁舍不得，早夜不见她影子。
你们都要宽想些，要嫁才能发长久。
情深义重我多谢，多谢全凭一张口。

2.

接礼
Jieb lid

拢送埋冬送苟梅，
Longd songb manb dongb song goud miex，
牙苟送闹埋浪冬。
Yad gous song laob manb nangd dongt.
埋汝礼松汝窝迫，
Manb rub lib songb rub aod pob，
佩汝佩养汝礼松。
Peib rub peib yangb rub lid songb.
当堂克干剖急内，
Dangb tangb ked gad bout jid niet，
架埋到葡阿充林。
Jiad manb daob pub ad chongb liongb.
佩见佩汝久内克，
Peib jianb peib rub jiud niex keb，
感谢度标浪浓总。
Gand xieb dub boud nangd niongb zongb.

来到你家嫁小妹，姊妹嫁到你们村。
你们礼物很过细，真的配好这礼行。
看起新娘的兄弟，搭你得个好名声。
配得礼品很高贵，感谢亲家的好情。

二十、婆家开新娘姊妹的歌

1.

卜送拔秋浪牙苟，
Pub songb pad qiut nangd yas goud，
牙苟埋洞喂拢卜。
Yad goud manb dongx wed longd pub.

吉炯阿奶内骂叟，

Jib jiongb ad liet niex mab soud，

从小吉汝足几酷。

Zongb xiaob jib rub zud jib cub.

会闹号几吉冲斗，

Huib laob haod jib jib chongb dous，

纵尼阿牙酷苟休。

Zongb nit ad yas kut goud xiut.

吉汝几酷出阿标，

Jib rub jib kud chub ad boud，

册牙将闹剖浪足。

Ces yad jiangb laod boud nangs zub.

把凭轻轻情长有，

Bad pingb qingb qingb qingb zhangs youd，

出写阿挡嘎几服。

Chub xieb ad dangb gad jib hus.

讲到新娘姊妹子，一帮姐妹听我讲。
共是一个同母有，从小到大做一帮。
走到哪里都牵手，总是大姐好心肠。
相好共同一家子，拆开一个莫心伤。
礼物轻轻情长有，你们也要宽宽想。

2.

接礼
Jieb lid

送秋拢通埋浪标，

Songb qiut longd tongb manb nangd boud，

牙苟将闹埋浪冬。

Yad goud jiangs laob manb nangd dongt.

苟剖克娘几良抖，

Goud boud ked niangx jib liangb dous，

相蒙佩汝汉礼松。

Xiangt mengd peib rub had lid songt.

亚扛牙浪亚扛苟，

Yad gangb yad nangd yad gangb goud,

欧奶补图莎克林。

Out liet bub tub sead ket liongb.

接到礼松几刚周，

Jied daob lid songt jib gangb zhoub,

窝起吉郎足满心。

Aod qit jin langd zud manb xins.

嫁女来到你家走，小女嫁到你们村。
接待我们费心思，真的配送好礼行。
姐妹你们都送有，两个三位都担承。
接得礼物笑开口，欢喜满意又满心。

二十一、婆家开娘家引亲娘礼互唱的歌

1.

阿图炯秋溜溜苦，

Ad tub jiongb qiut liub liub kud,

辛苦阿图引亲娘。

Xind kud ad tub yins qins niangx.

半夜三更会几补，

Danb yed sanb gengs huix jib bub,

炯勾将闹剖浪当。

Jiongb goud jiangs laob boud nangd dangt.

吾弄抬蒙浪补油，

Wud nongb taib mengd nangd bub youx,

弄婆窝叫莎几羊。

Nongb loud aod jiaob sead jib yangb.

同图松见久几苦，

Tongb tub songx jianb jiud jib kut,

汝图叉山出窝梁。

Rub tub cas shant chub aos liangx.

尼扛蒙阿分钱当浓最捕,

Nit gangb mengd ad fens qianb dangt niongx zuid pub,

汝猛爬凸爬潮配鸳鸯。

Rub mengd pad aod pad chaob peib yad yangb.

爬个达潮虐初初,

Pad goub dad chaob niub chub chub,

好上加好万年长。

Haod shangb jiad haob wand niab zhangb.

一位引亲娘辛苦,辛苦一个引亲娘。

半夜三更把门出,引那新娘出家乡。

汗水湿透你衣服,浑身汗流如水涨。

你是大厦好梁木,好木好梁家兴旺。

只送你一分钱去买丝洋,好去绣花绣草绣鸳鸯。

今天你来带福禄,好上加好万年长。

2.

难为内秋浪行上,

Nanb weid niex qiut nangd hangb shangb,

要弄钱色列关否。

Yaob nongb qianb sed lieb guanb woud.

阴功修汝奈儿娘,

Yingb gongb xiud rub nand jis niangx,

生下麒麟汝贵子。

Shangd xiab qix linx rub guib zit.

五男二女首出忙,

Wud nand erd nit shoub chub mangb,

毕拿打声包拿缪。

Bid nad dad shongt baod nad mioud.

你出阿标汝榜样,

Nit chub ad boud rub bangb yangb,

炯汝最比亚最缪。

Jiongb rub zuid bid yas zuis mioud.

吉散扛蒙炯勾让，

Jid saib gangb mengd jiongb goud rangb,

蒙炯拔秋会兵勾。

Mengd jiongb pad qiut huib bingb goud.

毕求大朋炯得出阿忙，

Bid qiux dad pengb jiongb deb chub ad mangb,

毕求蜂王炯闹柔。

Bid qiub fangb wangb jiongb laob rout.

拢单候剖勾包将，

Longd dand houb boud goud bao jiangb,

人财两旺得长久。

Rend caib liangb wangb dex zhangs jiud.

毕从几没窝求扛，

Bid zongx jid meid aod qiux gangb,

钱当阿分交在手。

Qianb dangb ad fengt jiaos zaib shoub.

婆家浪标做不像，

Pox jias nangb boud zuob bub xiangb,

蒙列宽想远看克几够。

Mengd lieb kuangb xiangb yuanb kand ked jid goud.

感谢引亲的行上，少话填言莫心忧。
阴功修好有福相，生下麒麟好贵子。
五男二女都来养，多如鱼虾海中游。
做成一家好榜样，五代同堂乐悠悠。
挑选送你引亲帮，你引新娘出门走。
好似蜂蜜桶内的蜂王，好似蜂王一家子。
到边就把被子放，人财两旺得长久。
陪情不起记情上，感谢一句总管头。
婆家主人做不像，你要宽想远看望长久。

3.

莎忙列除引亲娘，

Sead mangd lieb chub yinb qins niangx，

勾度包蒙照拢周。

Goub dub beb mengd zhaob longd zhoub.

儿女高上生满堂，

Erb nit gaox shangb shengd manb tangb，

最闹最半奈蒙友。

Zuib laod zuib biad nand mengd youx.

内汝达起首出帮，

Niex rub dad qid shoub chub bangt，

炯得吉偶求剖标。

Jiongb dex jib ous qiub boud boud.

就标吉山图窝梁，

Jiub boud jib shait tub gaox liangx，

汝图话录章汝勾。

Rub tub huat lux zhangs rub goud.

同声窝昂白儿养，

Tongx shongt aod ghax beis jid yangb，

归拿打声包拿缪。

Guib nab das shongt bed nad mious.

开要蒙列嘎儿江，

Kait yaob mengd lieb gad jib jiangs，

亲戚欧告望长久。

Qins qib out gaox wangb zhangs jiud.

歌中要唱引亲娘，把话报你讲得清。
儿女高上生满堂，前后都齐好得很。
五男二女养成帮，全面都好你引亲。
起屋挑选好木梁，好苑好树又好根。
如同群虾满海江，似那鱼群游海深。
辛苦你了话莫讲，亲戚两家记你情。

4.

卜单阿图引亲娘，

Pub dand ad tub yins qind niangx，

半夜三更把路走。

Bnad yed sand gengx bad lub zoud.

就标吉伞图窝梁，

Jiud boud jib said tub aod liangb，

发汝窝录长汝苟。

Fad rub aod lux zhangs rub goud.

吉伞扛牙拢当行，

Jib said gangb yad longd dangb xings，

炯秋苟送闹剖标。

Jiongb qiut goud songb laob bout boud.

出发出求豆几养，

Chub fat chub qiub dous jib yangb，

毕拿大声包拿缪。

Bix nad dad shongt bed nad mious.

发达兴旺四海扬，

Fab dad xins wangb sid haid yangb，

荣华富贵得长久。

Rongb hub fub guis des zhangs jiux.

感谢蒙浪从麻况，

Gand xieb mengd nangd zongx mab kuangb，

几扣只是凭空口。

Jib kout zhid shib pingb kongt koud.

开加开要嘎几江，

Kaid jiab kaid yaob gad jib jiangb，

总列出起嘎管否。

Zongb lieb chub qit gad guanb foud.

讲到一位引亲娘，半夜三更把路走。
起屋要选好屋梁，发达兴旺得长久。
挑选送你来当行，引这新娘嫁到此。

又做发来又做旺，好似鱼虾水中有。
发达兴旺四海扬，荣华富贵得长久。
感谢你的恩情长，感谢也是凭空口。
礼物少了莫歪想，总要宽想莫心忧。

5.

接礼
Jieb lid

阿奶内秋埋扑召，
Ad liet niex qiut manb pub zhaob,
扑单阿图引亲娘。
Pub dand ad tub yinb qinb niangx.
娘家浪标加屋要，
Niangx jiad nangd boud jiad wux yaod,
要汉嫁妆拢送帮。
Yaob haid jiab zhuangs longd songb bangb.
埋列宽宽地想奈反照，
Manb lieb kuanb kuanb ded xiangt nand fand zhaob,
加汝莎腊见埋浪。
Jiab rub sead lad jianb manb nangd.
婆家浪标做得到，
Pox jiad nangd boud zuob ded daob,
礼松配汝几良养。
Lid songb peib rub jib liangb yangb.
接在手中哈哈笑，
Jied zaib shoub zhongb had had xiaob,
到见到嘎嘎养江。
Daob jianb daob gad gad yangb jiangb.
就拢天喜埋阿告，
Jiud longd tianb xid manb ad gaob,
够追发内炯白让。
Goud zuib fad niex jiongb baid rangb.

引亲你们也讲到，讲到一位引亲娘。

娘家贫寒不得了，少了嫁妆来送帮。

你们宽宽地想心莫造，好丑也是丈母娘。

婆家你们做得到，礼物配得很全堂。

接在手中哈哈笑，接在手中无思想。

今年天喜你家到，以后发人满寨装。

二十二、婆家开娘家背亲小舅子礼互唱的歌

1.

洞剖勾萨出阿气，

Dongb boud goud sead chub ad qis,

洞喂内然出萨玩。

Dongb wed niex rax chub sead wanb.

弄忙则秋拢单闹埋追，

Nongb mangb zex qiut longd dand laob mand zuib,

勾埋阿忙不安然。

Goub manb ad mangb bub and rax.

时辰到了你们又注意，

Shib chengb daob leb nit mengx youb zhub yid,

急忙把那小姐喊。

Jib mangb bad lad xiaob jies hais.

休闹会单干元弟，

Xiud laob huib dans gans yuanb dib,

跟倒达吾休色先。

Gend daob dad wud xiud sed xianb.

几怕勾梅心劳累，

Jid pad goud mied xins laob lieb,

想照打奶流眼泪。

Xiangb zhaob dad liet liub yand leib.

阿气阿，

Ad qid ad,

陪秋拢单最提提，

Beix qiut longd dand zuid tid tid,

尼纵完全莎拢单。

Nit zongb wanb quanb sead longd dans.

你一句来我一句，

Nit yid jiub laib wod yis jiub,

叉勾蒙得浓棍草免。

Cad goud mengd dex niongb ghund caot mianb.

大家要往前头去，

Dad jiad yaob wangb qianb toud qis,

急忙把那时辰赶。

Jid mangb bad nad shid chengd gans.

爬坡翻岭不怕累，

Pad pod fand liongb bub pad lieb,

他欧他叫西几玩。

Tad uot tad jiaob xid jid wand.

拢单剖浪厨房浪久不伶俐，

Longd dand boud nangd chub fangs nangd jius bub lins lid,

出列哭早吉想先。

Chub lieb kux zaos jib xiangt xianb.

埋列忍忍饶饶莫生气，

Manb lieb rend renb raob raob mox shengd qib,

剖浪兵盘几到昂勾板。

Bout nangd biongd paib jid daob ghax goud biab.

配你没有什么配，

Peib nit meix youd shend mos peib,

扛蒙阿分钱当交手边。

Gangb mengd ad fend qianx dangb jiaos shoub biand.

送你带回归家去，

Songb nit daib huib guid jiad qis,

汝闹市场去买烟。

Rub laob shib changs qid maid yanb.

告内出工有点累，

Gaod niex chub gongb youd dianb lieb,

坐下服烟把累解。
Zuob xiab hub yans bad lieb jies.

听我把歌唱一会，听我蠢人把歌玩。
前天迎亲才到你家里，把你一夜不安然。
时辰到了你们又注意，急忙把那小姐喊。
动脚走到门边内，马上把伞来打开。
分别姐姐心劳累，想到分别流眼泪。
那时候，陪亲的人都来齐，是人完全都到边。
你一句来我一句，才把你的忧愁免。
大家要往前头去，急忙把那时辰赶。
爬坡翻岭不怕累，汗水流出把衣解。
到边我们厨房厨手不伶俐，还没熟饭来招待。
你们忍忍饶饶莫生气，我们盘中没得肉丝摆。
配你没有什么配，送你一分钱币交手边。
送你带回归家去，好去市场去买烟。
有时做工有点累，坐下吃烟把累解。

2.

难为不秋蒙浪久，
Nand weid bub qiut mengd nangd jius,
从汝久拢你窝起。
Zongb rub jiud longd nit aod qis.
得浓内扛蒙留标，
Dex niongb niex gangb mengd liub boud,
勾梅将闹剖让你。
Goud mies jiangs laob boud rangd nit.
汝虐不秋会兵勾，
Rub niub bub qiut huib biongd goud,
吉他两下要分离。
Jid tad liangb xiab yaod fend lis.
几怕纵列加阿柔，
Jid pad zongb lieb jiad ad roux,

吾没吉江同酒吹。

Wud miex jid jiangs tongd jiud cuit.

几列纵草吉加否，

Jid lieb zongb chaob jid jiad woud，

打奶吉打打奶起。

Dad liet jid dab dad liet qis.

西虐强强出阿标，

Xid niub qingx qingx chub ad boud，

将兵内报叉首毕。

Jiangs biongs niex baos cas shoub bid.

要当佩蒙自害羞，

Yaod dangs peib mengd zis haid xiud，

自已抱愧在心里。

Zib jis baod kuib zais xind lib.

难为背亲费心劳，好情记在我心内。
男儿守家来尽孝，女儿出嫁才归理。
吉日背亲出门了，出嫁两下要分离。
分别总要把心操，泪眼流下如洒水。
你心悲伤她难熬，各人安慰各自己。
此前一家坐好好，男婚女嫁才发齐。
不要悲痛心莫恼，好情人把心中记。

3.

不秋浪久蒙列洞，

Bud qiut nangd jius mengd lieb dongb，

勾度包蒙照拢周。

Goud dub baod mengs zhaob longs zhous.

勾梅兵竹蒙拢送，

Goud miex biongd zhub mengd longs songb，

送牙勾通剖浪标。

Songb yad goud tongb bout nangd biout.

几炯会单干元龙，

Jid jiongb huib dand gand yuanb longs,
出牙度蒙浪阿斗。
Chub yad dub mengd nangd ad dous.
灯龙火把抓窝穷,
Dengd longd huos bad zhuas aod qiongs,
抓穷穷蒙也要走。
Zhuab qiongd qiongd mengd yed yaob zhous.
开要钱礼管否红,
Kait yaox qianx lid guanb woud hongs,
单玉出起列管否。
Dand yub chub qit lieb guanb woud.

新娘弟兄你要听,把话报你在耳边。
妹子出嫁你来引,送她嫁到我家来。
一同动脚走出门,兄妹一同把手牵。
灯笼火把照得明,烟大熏你也要挨。
少钱开你莫怒心,宽宽地想心莫管。

4.

接礼
Jieb lid

扑送拔秋浪几内,
Pub songb bad qiut nangd jib niet,
不勾送闹埋浪冬。
Bub goud songb laob manb nangd dongt.
嫁妆送要列嘎克,
Jiangt zhuangs songb yaob lieb gad kes,
列孟吉标到得龙。
Lieb mengd jib boud daob des longd.
热情招待汝窝特,
Red qingb zhaob daib rub aod tes,
汝锐汝列嘎养浓。

Rub ruit rub lieb gad yangb niongb.

开见配嘎林窝掰，

Kain jianb peib gad liongb aod biab，

扛固钱当拿拢林。

Gangb gud qianb dangb nad longd liongb.

接到打开拢吉克，

Jieb daob dad kaid longd jib ked，

完全莎尼定子恩。

Wanb qianb sead nit dingb zid end.

相蒙尼汉窝兰乖，

Xiangt mengd nit haib aod lanb guad，

多谢窝兰几扣蒙。

Duos xieb aod lanb jib kout mengx.

要把新娘兄弟说，背姐送到你们村。

嫁妆送少莫嫌也，要看你们的新人。

热情招待很热烈，好饭好菜口味欣。

开钱礼物多有得，送我钱币多得很。

接到打开才明白，完全都是好金银。

亲家就是富有客，多谢你们一片心。

二十三、婆家开娘家陪亲礼互唱的歌

1.

辛苦打图勾秋陪，

Xind kud dad tub goud qiut beix，

阿腊培秋阿勾陇。

Ad lad peix qiut ad goud longd.

你忙埋拢作作急，

Nit mangb manb longd zuob zuob jis，

想明拢通剖号拢。

Xiangb mingb longd tongt boud haob longd.

加锐加列嘎斩起，

Jiad ruit jiad lieb gad zhuanb qit，

单意出起关否风。

Dand yid chub qit guanb woud hongb.

陪礼几到求勾陪，

Beib lid jid daob qiub goud beis,

钱当阿分勾几拢。

Qianx dangx ad fent goud jib longd.

汝浓交圈勾转比，

Rub niongb jiaos quanb goud zhuanb bid,

达吾几玩闹追公。

Dad wud jib wangb laob zuib gongt.

尼纵克咱配腊配，

Nit zongb ket zhad peib lad peib

排子排样拿几浓。

Paib zid paib yangb nad jid niongb.

够寿克咱勾格利，

Goud shoub keb zhas goud gied lix,

各处几兵岔汝凸。

Ged chub jib bingb cab rub aod.

勾牙将闹阿交几，

Goud yad jiangs laob ad jiaos jit,

过信包剖跟倒拢。

Guob xins baod boud gend daos longd.

几炯吉龙出夫记，

Jib jiongb jid longd chub fus jit,

陪情自尼阿瓦拢。

Beib qingb zid nit ad wad longd.

辛苦几位把亲陪，一帮陪亲费力很。

昨夜到家促促急，天还没亮出了门。

饭茶差了不中意，都要耐烦莫怒心。

陪礼没有什么陪，宽想远看心头忍。

你们容貌很美丽，桃花美丽色色新。

是人看见都赞美，排子排样好得很。

媒人见了动心里，各处做媒找爱人。

你们若嫁哪里去，来信报我就来跟。

一路同走把你陪，陪情就是如这等。

2.

陪秋浪久费力红，

Peib qiut nangd jius feib lib hongb,

早尼弄忙包几见。

Zaob nit nongb mangb baob jid jianb.

休闹会单干元拢，

Xiud laob huib dans ghas yuanb longs,

会闹内勾乖干干。

Huib loab niex goud gues ghab ghab.

勾埋难斩亚难弄，

Goud manb nand zhuanb yad nand nongb,

几爬吉从号拢安。

Jid pab jib zongb haos longd and.

阿板怕猛阿冬送，

Ad biab pad mengd ad dongb songb,

没度几扑扑几单。

Miex dux jib pub pub jib dand.

想长几走阿勾炯，

Xiangb zhangb jid zoub ad gud jiongb,

当孟那阿昂酷见。

Dangb mengd nat ad ghax ket jianb.

婆家浪标莎录吽，

Pox jiab nangd boud sead lus niub,

配要礼松列嘎关。

Peib yaob lid songb lieb gad guanb.

配礼尼扛当阿分，

Peib lib nit gangb dangb ad fent,

头板加乙几拢埋。

Toud biab jiab yis jib longd manb.

陪亲的人费力很，可怜昨夜睡不安。
昨天你们走出门，夜路道途看不见。
你们受寒又受冷，到边坐卧不安然。
一帮朋友拆开分，有话要讲难见面。
想要相逢都要等，等到正月拜年来。
婆家方面穷得很，配少礼物要莫管。
配礼只送钱一分，不好意思交手边。

3.

阿腊陪秋洞喂刚，

Ad lad beib qiut dongd wed gangb，

几得洞浓浪萨休。

Jid deb dongx niongb nangs sead xiud.

坐在家中是一帮，

Zuob zaib jiad zhongb shib yid bangt，

几苦吉龙出阿足。

Jid kut jib longd chub ad zus.

长大各人走一方，

Zhangs dad goux renx zous yid fangd，

阿奶怕闹阿叉吾。

Ad liet pad laob ad cab wud.

同个得后几白江，

Tongb guob dex houb jid baid jiangs，

难到长拢出阿足。

Nand daob zhangs longd chub ad zus.

窝虐挂见叉到长，

Aod niub guab jianb cad daob zhangs，

那阿窝虐叉长足。

Nad ad aob niub cad zhangs zub.

开要埋列嘎加想，

Kaib yaob mand lied gad jias xiangb，

宽想远看才有福。

Kuanb xiangb yuanb kan caib youd fub.

一帮陪亲听我讲，听我又把歌言述。
坐在家中是一帮，朋友相好成一坨。
长大各人嫁一方，一个分开一方住。
好似豆腐分了箱，难得合成做一组。
要到拜年走父乡，正月相遇才知足。
怠慢你们莫歪想，宽想远看才有福。

4.

接礼
Jieb lid

阿高陪秋埋列洞，

Ad gaob peix qiut manb lieb dongb,

洞度扑斗你虫兵。

Dongb dub pub doud nit changb biongx.

送秋拢通内号拢，

Songb qiut longd tongt niex haob nengb,

相蒙配汝汉礼松。

Xiangt mengb peib rub haib lid songt.

扛嘎扛见勾儿陇，

Gangb gad gangb jianb goud jib longd,

莎尼配汉定子恩。

Sead nit peib haid dingb zid ghongx.

到见到嘎窝起兄，

Daob jianb dob gad aod qit xiongb,

欢喜满意在心中。

Huanb xid manb yid zaib xins zhongb.

将度几扣你号拢，

Jiangd dus jib koud nit haob longd,

相蒙尼汉窝兰炯。

Xiangb mengd nit haid aod lanb jiongb.

一帮陪嫁听歌言，听话我讲在堂厅。

送亲来到这里来，真的配得好礼人。
送钱送物都喜欢，都是大块金砖银。
得了礼物笑开颜，欢喜满意乐在心。
感谢几句在此间，真的亲上又加亲。

二十四、婆家开娘家奶钱礼互唱的歌

1.

进喜喂除萨忙容，

Jin xid wed chus sead mangb rongx,

朋够几到窝求友。

Bengb goud jid daob aod quid yous.

扑内扑蒙埋浪从，

Pub niex pub mengd manb nangd zongb,

阿虐首得嘎养口。

Ad niub shoub ded gad yangb kous.

勾让否拢扛内炯，

Goud rangb woud longd gangb niex jiongb,

吉飘窝闹通窝斗。

Jib piaod aod laob tongt aod dous.

洽弄跟倒首大凸，

Qiab nongb gend daob shoub dad aod,

莫送冷风片窝否。

Mod songb lengd fengs pianb aod wous.

妈你窝叫能勾容，

Mad nit aod jiaob nongx goud rongx,

背叫浪昂莎炯勾。

Bid jiaob nangd ghax sead jiongb goud.

阿谷打就亚章林，

Ad guox dad jiub yad zhangb liongx,

人才松汝桃花某。

Rend caib songb rub taob huas moux.

勾拢将闹剖浪冬，

Goud longd jiangs laob boud nangd dongt

将闹剖冬剖浪标。

Jiangs laob boud dongt boud nangd boud.

同图章拢扛林林，

Tongb tub zhangs longd gangb liongb liongb，

汝图花录章汝勾。

Rub tub huad nux zhangs rub goud.

毕拿打缪包拿声，

Bid nad dad mious bed nad shongt，

同声窝昂寿出抽。

Tongd shongt aod ghax shoub chub choud.

让斗亚要否浪阿秋浓，

Rangb doud yad yaob woud nangd ad qiut niongb，

擂锐亚要阿让勾。

Liet ruit yad yaob ad rangb goud.

就没吉克阿板冬，

Jiud miex jib ket ad biab dongt，

皇上不能养女子。

Guangb shangd bub nengd yangb nit zid.

再斗大哥大嫂勾酷蒙，

Zaid dous dad goud dad saos goud kut mengd，

勾冬麻让几久投。

Goud dongt mad rangb jid jiud tous.

剖毕几到蒙浪从，

Boud bid jid daob mengd nangd zongb，

钱当一分交在手。

Qianb dngt yid fent jiaot zaib shoub.

没昂需要没勾用，

Mied ghax xid yaob mied goud yongb，

肥皂买坨勾茶斗。

Feib zaob maod tuod goud cad dous.

进喜人众听歌云，想唱不能唱几首。

岳父岳母的恩情，儿女生下苦养育。
女儿她来送你引，抚脚摸腿又到手。
怕冷又厚包衣裙，莫送冷风吹打抖。
奶在胸间喂儿饮，膝上肉皮都坐瘦。
一十多岁又长成，人才美似桃花某。
许口嫁到我们村，我家小哥配妻室。
如竹似木发满岭，大树发芽果满枝。
发如鱼虾游海深，如同鱼虾东海游。
这一次打柴少她背一捆，打菜少她一背篓。
抬眼要看世间人，皇上不能养女子。
还有大哥大嫂养你们，工夫有儿有嫂做。
深恩难报我知情，钱币一分交在手。
有时需要拿去应，肥皂买坨来洗手。

2.

难为阿蒙勾得首，
Nand wied ad mengd goud dex shoub,
要弄加莎难为蒙。
Yaob nongb jiad sead nand weid mengd.
阿虐首得嘎养口，
Ad niub shoub dex gad yangb koud,
列口打就得叉林。
Lieb koud dad jius dex cad liongx.
麻矮蒙够闹吉久，
Mad and mengd goud laob jib jiud,
麻江样扛得勾能。
Mad jiangb yangb gangb dex goud nongx.
背叫就得莎炯勾，
Bid jiaob jiud ded sead jiongb goud,
妈你窝叫能勾容。
Mad nit aod jiaob nongx goud rongb.
首林将闹扛剖标，
Shoub liongb jiangs laob gangb boud boud,
腊召招将将几分。

Lad zhaob zhaob jiangs jiangs jid fent.

怕得拿挂昂吉久，

Pad deb nad guab ghax jid jius,

拿挂背瓜昂窝蒙。

Nad guab bid guad ghax aod mengx.

同吾窝昂几北篓，

Dongb wud aod ghax jib baid ned,

毕求忙得几北凸。

Bid qiub mengd dex jid baid aos.

皇上不能养女子，

Huangb shangb bub nengd yangs nit zis,

水想腊列想几通。

Shuid xiangt lad lieb xiangt jid tongt.

要当配埋列关否，

Yaob dangb peib manb lieb guanb woud,

剖毕几加蒙浪从。

Boud bid jib jias mengd nangd zongx.

难为亲家把女育，口才不好难为来。
怀胎十月把苦受，受苦多多十是难。
苦的阿娘吃进口，甜的让送女儿餐。
抱儿腰痛苦膝头，奶在胸喂吃不断。
养大嫁来我家走，忍下心头内分开。
分别如割心肝抖，好似心要抖出来。
如水下海要分流，如同蜜蜂分帮开。
皇上不能养女子，会想也要想得宽。
少钱陪情莫心忧，我们如何把情还。

3.

接礼
Jeb lid

勾休送单通埋追，

Goud xiut songb dand tongt manb zuib,

能抽几扣埋度标。

Nongx choub jib kout manb dub boud.

这朋花儿总有味，

Zheb pengb huab erd zongb youd weib,

同情录忙长归柔。

Tongb qingb lux mangb zhangs guib rout.

一心留客而有意，

Yid xinb liub ked erx youd yib,

发录贵作迟未久。

Fab lux guib zuod cuid weid jius.

你埋浪标见打乙，

Nit manb nangd boud jianb dad yib,

热情招待代从剖。

Red qingb zhaob daib daib congb boudt.

休闹长猛几朋会，

Xiud laob zhangs mengd jib pengb huib,

勾休招将扛埋周。

Goud xius zhaob jiangs gangb manb zhoub.

靠埋候沙候包照吉追，

Kaob manb houb sead houb baot zhaob jib zhuib,

得让提提尼章头。

Dex rangb tit tit nit zhangs toud.

几安窝得出几尼，

Jib nianb aod dex chub jib nit,

单意候沙候包否。

Dand yid houb sead houb baod woud.

明苗顺有天朝内，

Miongb miaob shunb youd tianb zhaob niex,

如同毕求打奶首。

Rub tongb bid qiub dad lieb shoub.

送要送加莫在意，

Songb yaob songb jiad mob zais yid,

娘家尼汉窝内走。

Niangx jiad nit haid aod niet zous.

欧洽见兰先提提，

Out qiab jianb lanb xiant tit tit，

开亲欧告见阿标。

Kaid qinb out gaox jianb ad boud.

开林见兰埋号久吉岁，

Kaid liongx jianb lanb manb haod jius jib suit，

配林见嘎开出抽。

Peib liongb jianb gad kais chub choub.

扛剖到见长猛出家你，

Gangb bout daob jianb zhangs mengd chub jiad nit，

荣华富贵得长久。

Rongb huab fub guid des zhangs jiux.

来到你屋嫁小女，吃饱感谢都家郎。

这朵花儿总有味，如同鸟儿归山岗。

一心留客而有意，有情贵作义也长。

几天坐在你家里，回去哪个肯来把我养。

动脚回家心挂意，女儿留在你们乡。

靠你教育扶养心劳累，女儿年少不懂行。

若有哪里做不对，万般事情你要讲。

明苗顺有天朝内，如同你的亲生养。

送差送丑莫在意，娘家穷得响当当。

两家开亲结了义，开亲就是一家堂。

开多奶钱你们不可惜，花费银钱莫歪想。

我们得钱回家创家业，荣华富贵得久长。

二十五、婆家添加娘家奶钱礼互唱的歌

1.

克埋开要加乙足，

Ked manb kaid yaob jiad yib zus，

实在相蒙头加克。

Shib zaib xiangt mengd toud jiad kes.
纵列吉扫吼得初，
Zongb lieb jib saob houb dex chub,
几兵扫汉窝崩热。
Jib bingb saob haib aod bengd reb.
嘎扛照告内几卜，
Gad gangb zhaob gaox niet jib pub,
宗内加乙召堂内。
Zongb niet jiad yib zhaob tangb niex.
几尼喂捕度鲁数，
Jib nit wed pub dub lud shut,
剖埋几尼窝内白。
Bout manb jib nit aod niet baix.
几关到要倍到久，
Jib guanb daob yaod beix daob jiud,
久要纵初阿够得。
Jiud yaob zongb chub ad goud deb.

开你钱少不过意，实在真的不好搞。
还是再扫才可以，桶柜角落去寻找。
莫送坏了这名誉，脸面没得全丢跑。
不知我讲对不对，我们自知自明了。
不管多少加点去，多少添一些也好。

2.

当日辛苦娘怀内，
Dangb rib xind kud niangx huand niet,
锐列几能吾几夫。
Ruit lieb jib nongx wed jib hub.
如水下滩很惭愧，
Rub shuib xiab tand hend caib kuit,
公婆心痛苟得土。
Gongb pox xinb tongt goud debt tus.

金盆打水来洗汽，

Jinb pengs dad shuis laib xid qib,

阿虐列酷大奶吾。

Ad niub lieb kud dad lieb wud.

少包飘婆亚飘追，

Shaob baob piaob ned yad piaob zuib,

洽弄梅崩梅西久。

Qiab nongb miex bengd miex xid jius.

苟休首兵见补乙，

Goud xiud shoou bingb jianb bub yis,

抱爬抱嘎苟葡处。

Baod pad baod gas goud pub chus.

满月背往娘家去，

Mand yues beid wangs niangx jiad qis,

常豆不得苟兰酷。

Zhangs daout bub deb goud lanx kus.

嘎婆见孙生美丽，

Gad pox jianb shunb shend meid lib,

就照抱兰周求求。

Jiub zhaob baob lanb zhoub qiub qiub.

当日辛苦娘怀内，饭菜不吃水不喝。
如水下滩很惭愧，公婆心疼莫奈何。
金盆打水来洗汽，一天要洗几次多。
又洗前胸洗后背，怕冷包被热乎乎。
婴儿生下三早内，杀猪杀鸡把名做。
满月背往娘家去，要往娘家走外婆。
外婆见孙生美丽，抱在胸前笑呵呵。

3.

告冬休得内苦红，

Gaob dongb xiub des niet kub hongs,

就照报常扛能妈。

Jius zhaob baos changb gahx nengb mas.

能特得昂潮中中，

Nengb tenb des guas chaob zhongb zhongb,

将这列猛苟得挂。

Jiangb zhet liet mengb gous des guab.

将照摇兰苟吉共，

Jiangb zhaob yaob lans gous jib gongx,

洽弄梅崩梅西洽。

Qiab nongb meis bengb meis xis qiax.

得休然软亚洽弄，

Des xiub rab ruanb yas qiab nongb,

内抱得台得抱卡。

Niet baos des taib des baob kas.

没昂不猛窝堂总，

Meib ghas bub mengb aos tangb zongb,

出昂出让偷苟昂。

Chus ghab chus rangb tous gous ghax.

扛白扛糖都是空，

Gangb bais gangb tangb dous shid kongb,

乙难得苟乙昂抓。

Yis nanb des gous yub ghas zhas.

出内挂得莎单弄，

Chub niet guab des sha danb nongt,

几没阿逃不麻加。

Jis meib as taox bub max jias.

内酷得苟照窝洞，

Niet kub des gous zhaob aos dongb,

得苟莎尼内浪昂。

Des goux shax nib niet nangb ghax.

列得酷内都是空，

Lieb des kub niet dub shib kongb,

尼总完全莎想假。

Nib zongb wanb qians shab xiangb jiax.

幼儿之时母苦累，抱在身边来喂奶。
吃饭之时儿哭泣，放碗要去哄儿来。
将儿放在摇篮内，怕冷又找棉裙盖。
幼儿夜尿怕冷气，娘卧湿来儿卧干。
有时背到客堂里，娇儿故意又哭喊。
送粑运糖不理会，越哄越哭闹翻天。
娘母哄儿出汗水，没有一句骂起来。
母爱小儿在心里，小女都是娘心肝。
要儿孝母不在意，是人完全难理解。

4.

　　阿虐首得辛苦内，
　　As niub soud des xinb kub niet，
　　列酷迷就得叉林。
　　Lieb kub mib jioub des chas liongb.
　　补就叉能骂浪白，
　　Bub jius chab nengb mas nangb baib，
　　比就会苟列内炯。
　　Bib jius huib gous lieb niet jiongb.
　　比便照就内江克，
　　Bib bias zhaob jiub niet jiangb keb，
　　七八九岁过了童。
　　Qib bas jious suib guob leb tongx.
　　谷就偶浓求帮舍，
　　Gub jius oub nongb qiub bangb soux，
　　阿谷欧就留到打油卡打容。
　　As gub ous jiux lius daob das youx kas dab rongb.
　　阿谷比就江江尼候内出特，
　　As gub bib jious jiangb jiangb nib houb niet chub tous，
　　阿谷照就出苟冬。
　　As gub zhaob jius chub gous dongt.
　　长大十八本可也，
　　Zhangb dab shid bab bengb keb yeb，

送闹内标出内龙。

Songb naob niet boud chub niet nongx.

内骂窝起莎几客，

Nieb mas aos qib shab jis keb,

五梅吉江篓见兄。

Wub meib jib jiangb lous jianb xiangb.

生儿之时辛苦妈，要养儿岁儿长成。

三年才吃父的粑，四岁走路要人引。

四五六岁慢慢大，七八九岁快成人。

十岁割柴上山崖，一十二岁守着牛羊上山岭。

一十四岁仅仅帮得把厨下，一十五岁人很勤。

长大十八一朵花，嫁去婆家做新人。

父母心中放不下，泪水流下哭声吞。

5.

阿从够挂欧从捕，

As congb gous guab ous congb pub,

卜内卜蒙埋浪从。

Pub niet pub mengb manb nangb congb.

首得受挂拿几苦，

Soub des soub guab nas jix kub,

昂弄弄拢列抄松。

Ghab nongb nongs longb liet chaob songx.

补就水逃会几五，

Bub jius shuib taob huis jib wub,

单约便就寿几岭。

Daib yos bias jiub shoub jis liongx.

满足七岁送读书，

Manb zhub qub suib songb dub shud,

学习文化安理松。

Xieb xib wenb huas ais lib songx.

阿谷打就章林久，

As gub das jiub zhangb liongb jiux,

龙内龙骂列几分。

Longb niet longb mas liet jis fenb.

女嫁男婚传自古,

Nit jiax nans hunb chuanb zis gub,

得拔纵尼内浪龙。

Des pab zongb nib niet nangb longx.

冬豆尼兄龙拢出,

Dongb doub nib xiongs longd longb chus,

就梅吉克阿板冬。

Jius meib jis kex as banb dongt.

一层唱过二层数,岳父岳母的恩情。
养儿受过很多苦,一年四季要操心。
三年两岁才学步,到了四岁还要引。
满足七岁送读书,学习文化知礼行。
一十几岁花一朵,离开父母要嫁人。
女嫁男婚传自古,男女总是要结婚。
人间都是这样做,普天这下如此行。

6.

阿内阿蒙拿儿苦,

Ad niex ad mengd nad jib kus,

恩情很大背苟没。

End qingb hend dad bid goud meix.

要嘎佩埋腊久捕,

Yaob gad peib manb lad jiud pub,

脸开颜笑周热热。

Jianb kaib yand xiaob zhoux rex rax.

加剖尼汉窝内鲁,

Jiab boud nit haid aod niex nub,

要嘎少礼拢钱色。

Yaob gad shaob lib longd qianb sed.

惭愧无颜加巴都，

Caib kuib wud yuanb jiad bad dous,

陪情陪扛阿吼得。

Peid qingd peid gangb ad houb dex.

公道各人自己出，

Gangd daob ged rend zid jis chub,

弄几出到苟咱内。

Nongb jib chub daob goud zhab niex.

鸟桶扫齐勾扛久，

Niaob tongt saob qit goud gangb jiud,

鸟土扫久当几没。

Niaob tub saob jiud dangb jid miex.

同抓爬叫浪当补，

Tongd pad pad jiaob nangd dangt pus,

且昂要且亚长且。

Qiet ghax yaob qiet yad zhangs qiet.

扫到窝角勾拢补，

Saod daob aod jiaob goud longd bub,

头板加乙几拢内。

Toud biab jiay yid jib longd niex.

亲家夫妇十是苦，恩情很大如山也。

少钱来开不作数，脸开颜笑喜眯眯。

我们家贫也不富，少钱少礼把你谢。

惭愧无颜都不顾，陪情陪送一些些。

公道各人自己出，怎么能做送清白。

桶柜扫净不留住，扁桶扫净钱没得。

补锅补匠慢慢补，称肉少秤又加些。

扫得几角拿来补，抱愧无脸不得色。

7.

萨忙欧求弄拢说，

Sea mangb oud qioud nengb longb shub,

按照情节唱一首。

And zhaob qingb jied changb yid shoud.

阿气埋苟红庚梅，

Ad qib manb goud hongd gengd meid，

过细选择久几溜。

Guod xib xiand cheb jiud jid lioub.

大利选好天月德，

Dad lib xind haod tiand yeb deib，

黄道吉日请喜酒。

Huangd daob jib red qingd xid jioud.

汝虐送苟闹埋得，

Rub niub songb goud laob mand deib，

安梁进住你埋标。

And liangb jinb zhud nvd manb boud.

忙拢单约窝虐昂几北，

Mangx lengd dand yod aod niud ghax jid beit，

将善得让扛埋周。

Jiangb shand deid rangd gangb mand zhoub.

得拔休红香安奶，

Deid pab xud hongd xiangd anb lied，

莎尼得得浪哈篓。

Shad nib deid deid nangd had loub.

久难嘎从水然乖，

Jiud nand gad changx shuix raib gueib，

列难列沙列包否。

Lied nanx lied shad lied beb woud.

出内出蒙列嘎则，

Chub nieb chub mongb lied gat zeid，

列酷扛拿打奶首。

Lieb kux gangd nab dad lied soux.

送牙剖拢内大奶，

Songb yab doub longb neid dad lied，

吉油苟休拢架酒。

Jid youb goub xiud longd jiab jioud.

衣柜窝桶莎几没，

Yid guib aod tongd shad jid meib，

家要送秋同送走。

Jias yaob songd qiub tongd songd zous.

包周列出赶不车，

Beb zhoub lied chud gand bub chex，

标汉苟冬几批斗。

Baod hanb goud dongd jid peid dous.

各项欠少礼物缺，

Geb xiangb qiangb shaod lid wub queib，

亚要包炯亚要篓。

Yad yaob bed jiongd yad yaob loud.

要提要豆苟佩谢，

Yaod teib yaod doud goud peib xied，

内蒙配埋要阿够。

Neid mangd pied mand yaod ad goud.

要嘎洽猛苟提这，

Yaod gab qiad mongb ged teib zhed，

扯破耳朵不到口。

Ched pob erd duod bub daob koud.

送见送嘎能久册，

Songb jianb songb gab nongb jioud ceid，

味要麻能出几溜。

Weid yaod mab nongb chub jid lioud.

单虐送苟叉滚格，

Daid niub songb goud chad gunb geit，

抱愧家贫自害羞。

Daob kuix jiad pingx zid hanb xioud.

会苟亚洽吉咱内，

Huid goud yab jiad jid zhad nieb，

哨皮送牙得内周。

Shaod pib song dyad deid nied zhoub.

久同四下窝兰乖，

Jiud tongb sid xiab aod lanb gueid，

家内宽宏汝吉久。

Jiad nieb kuand hongb rud jid jioux.

不费一千费八百，

Bud huib yid qiand huid bab deib，

应送新郎样样有。

Yingd songd xind nangb yangd yangd youd.

包炯将子莎爬格，

Boud jiongb jiangb zid seas pax geib，

绣起麒麟和狮子。

Xioub qib pib linb huob shid zid.

几滚吉昂同单内，

Jid guengd jid ghax tongb daid nied，

共送扛埋莎白标。

Gongd songd gangb manb seas baix doud.

人生在世有区别，

Rend shend zanb sid youd qud bieb，

内没麻令没麻走。

Nied meib mad liongb meid mad zoud.

埋号昌照兰走值不得，

Mand haob changd zhaob lanb zoud zhid bud deib，

送牙苟埋浪葡秋。

Songd yad goub manb nangb pub qioud.

配见配嘎嘎考岁，

Peib jiand peib guad guad kuaod suid，

召久尼架埋得苟。

Zhaob jiud nid jiab mand deid goud.

得就到嘎拢全色，

Deid jiud daob gad longd qianb shed，

毕拿打声包拿缪。

Bid nab dad shend buaod nad moud.

扛埋号享福到他大可得，

Gangd manb haob xiangx fub daob tax dad kuod deid
荣华富贵得长久。
Rongb huab fub guix deid changb jiud.

歌言两句如此说，按照情节唱一首。
那时你取红庚得，过细选择好日子。
大利选好天月德，黄道吉日请喜酒。
吉日送亲你家客，安梁住进家里头。
现在到了日子要分别，放心女儿你家留。
女儿年轻不知者，都是小孩的心思。
早上不喊起迟也，要喊要叫莫心忧。
公婆面上宽心些，要爱如同亲女子。
送亲我们到此说，跟脚女儿来饮酒。
衣柜木桶都没得，家下贫穷丢了丑。
被子被套赶不扯，各样工夫不放手。
各项欠少礼物缺，又少嫁妆少被子。
布匹少了配一些，要谢公婆礼没有。
钱少没把布匹扯，扯破耳朵不到口。
送礼钱币用了绝，因为缺粮慌了手。
到期嫁女来做客，抱愧家贫自害羞。
走路怕见人脸色，哨皮嫁女脸出丑。
不比四下客官爷，家内宽宏心无忧。
不费一千费八百，应送新郎样样有。
被套嫁妆绣日月，绣起麒麟和狮子。
光辉彩照透花色，抬送你们家里头。
人生在世有区别，有富有穷都要有。
你们碰着穷亲值不得，嫁女把你名誉丢。
配钱配礼莫可惜，花费都是为儿子。
天降贵子手来接，发如鱼虾海水游。
让你们享福富贵大可得，荣华富贵得长久。

二十六、婆家开娘家择日先生礼互唱的歌

1.

阿奶排内莎苦红，

Ad liet paib niet sead kud hongb,

阿图先松溜溜苦。

Ad tub xianb songb liub liub kut.

门弟书香浪得浓，

Menx dis shub xiangt nangd dex niongb,

学问胜读五车书。

Xueb wend shengd dub wud ched shud.

子丑寅卯告度共，

Zid choud yind maob gaox dub gongt,

大安留连照术数。

Dad and liub lianb zhaob shub shud.

天月二德窝虐虫，

Tianb yued erd dex aod niub chongb,

吉星高照出阿补。

Jid xingb gaox zhaob chub ad bub.

汝虐汝内叉出令，

Rub niub rub niet cad chub liongb,

人财两旺发服夫。

Renb caib liangb wangb fab hun fus.

难为师父照堂纵，

Nand weid shid hud zhaob tangb zongx,

感谢难为照拢久。

Gand xied nand weid zhaob longd jius.

择日先生也苦很，一位先生本也苦。

门第书香的学问，学问胜读五车书。

子丑寅卯来推论，大安留连照术数。

天月二德来相应，吉星高照在堂屋。

好个日子来结亲，人财两旺发满福。
难为师父在堂厅，感谢难为你师父。

2.

够单先松汝江虐，
Goud dand xianb songt rub jiangb niub,
欧求扑单埋先松。
Out qiub pub dand manb xianb songt
你抱他浪炯抱术，
Nit baod tad nangs jiongb baod shut,
翻头腊纵炯几兵。
Fand toud lad zongb jiongb jid biongx.
候剖算到内麻汝，
Houb bout suanb daob niet max rub,
他拢汝虐剖当龙。
Tad longd rub niub bout dangb longs.
人也发来家也富，
Renb yed fab laix jiad ye fub,
荣华富贵旺千春。
Rongx huax fub guid wangb qianb chund.
汝从见猛阿产就，
Rub zongb jianb mengd ad cuant jiub,
产柔吧就久拢从。
Cuant rout bab jiub jiud longd zhongb.
礼物小了对不住，
Lid wud xiaod leb duib bub zhub,
表个心情摆照拢。
Biaod goub xins qingd bias zhaob longd.

唱到先生把歌述，歌唱言辞报先生。
掐指算来不停住，翻书里内看得清。
把我看清黄道书，日吉时良来结婚。
人也发来家也富，荣华富贵旺千春。

好情好心好缘故，千年万代不忘恩。
礼物小了对不住，表个心情送你听。

3.

接礼
Jieb lid

汝内汝虐汝几良，
Rub niet rub niub rub jib liangb，
头板浪汝几良久。
Toud biab nangd rub jib liangb jiud.
同戎同潮勾几瓦，
Tongb rongb tongb ceb goud jib was，
瓦潮瓦戎勾几吾。
Was ced was rongx goud jib wud.
出斗出他登打便，
Chub doud chub tad dengb dad biat，
出花出求发服夫。
Chub huat chub qiub fad hud fub.
莎尼度标汝元发，
Sead nit dub boud rub yuanb fab，
娘婆二家汝元夫。
Niangx jiad erd jiad rub yuanb fud.
先松尼候出勾达，
Xianb songb nit houb chub goud dad，
候剖欧告陇几捕。
Houd bout oud gaox longd jib pub.
埋号扛见扛嘎拢打发，
Man haod gangb jianb gangb gad longd dad fab，
勾度难为照拢久。
Goud dub nand weid zhaob longd jius.

黄道日子好又大，真的吉利满堂新。

二龙抢宝朝在家，双凤朝阳在中厅。
做发做旺又做大，做大做强岁月新。
都是主家好缘法，娘婆二家都发兴。
先生看清书中话，要把两家合龙神。
你们送我钱财来打发，感谢你们一片心。

二十七、婆家开娘家礼郎互唱的歌

1.

卜单娘家巴江度，

Pub dand niangx jiad bad jiangd dub，

阿奶江度汝嘴才。

Ad liet jiangs dub rub zuib caix.

够腊充浪卜腊汝，

Goud lad congb nangd pub lax rub，

够萨卜度溜溜见。

Goud sead pub dub liud liud jianb.

鸟先弄求卜吉吾，

Niaox xianb nongb qiut pub jib wud，

人财两旺发冬天。

Rend caib liangb wangb fad dongb tianb.

佩要佩下列关无，

Peib yaob peib xiab lieb guanb wud，

礼轻意重你知全。

Lid qingb yid zhongb nit zhid quanb.

讲到一个礼郎话，这个礼郎好嘴才。
唱得清来讲得达，唱歌讲话都能来。
油盐嘴舌甜味大，人财两旺发登天。
礼物少了莫管他，礼轻义重你知全。

2.

接礼

Jieb lid

卜喂江度巴鸟没，

Pub wed jiangs dub bad niaox miex，

实际堂内卜夸讲。

Shiib jid tangb niex pub kuans jiangb.

娘婆欧告发家业，

Niangx jiad out gaox fad jias yed，

德让少毕叟白让。

Des rangb shaob bid soud bais rangb.

共让尖尖莎见乖，

Gangb rangb jianb jianb sead jianb guat，

长寿百年炯苟夯。

Changs shoub baib niab jiongb goud hangs.

添福添寿添齐册，

Tianb fud tianb shoub tianb qit ced，

富贵双全又健康。

Fub guis shuangb quanb youd jianb kangb.

扛剖钱当喂当没，

Gangb boud qianx dangb wed dangb meit，

感谢亲朋周几刚。

Ganb xieb qins pengx zhoud jis gangb.

讲我礼郎有话说，实际都是人夸讲。

娘婆二家发家业，儿孙高上发满堂。

老少全都成官爷，长寿百年坐久长。

添福添寿添齐彻，富贵双全又健康。

送我银钱双手接，感谢你们的打赏。

第四章　结亲坐席歌之二

一、谢媒人歌

1.

女方谢媒人
Nit fangb xieb meix rend

当秋吉难摆岁酒，
Dangd qiut jib nand baib suit jiux，
酒江酒明溜溜浓。
Jiux jiangb jiux miongb liud liud niongb.
打开就蒙达内苟，
Dad kaib jiud mengd dad niex goud，
绒你窝昂修拢能。
Rongx nit aod ghac xiud longd nongx.
各位亲朋亲好友，
Guod weib qinb pengb qinb haob yous，
同绒同潮拢几朋。
Tongb rongx tongd ced longd jib pengb.
围桌炯照打虫标，
Weib zhuob jiongb zhaob dad chongb boud，
美好酒味摆打虫。
Miex haob jiud weib baid dad chongb.
服酒想照酒根子，
Hud jiux xiangb zhaob jiud gend zid，

难为阿久内胖松。

Nand weib ad jius niex pangb songb.

阿图媒人溜溜口，

Ad tub meix rend liub liub koud，

叉到酒江扛剖拼。

Cab daob jiux jiangs gangb boud pingt.

几到告求感谢否，

Jib daob gaox qiub ganx xieb woud，

嘎弄卡卡不浓总。

Gad nongb kad kad bub niongb zongb.

扛蒙添福添寿炯你头，

Gangb mengd tianb fub tianb shoub jiongb nit toud，

再列必嘎几羊宗。

Zaib lieb bid gad jib yangb zongb.

婚典商议摆席酒，酒甜酒香非常浓。

打开香气喷鼻有，龙在海里也来拢。

各位亲朋亲好友，如龙似凤都亲朋。

围桌坐在这里头，美酒美味摆当中。

吃酒想到酒根子，难为一个酿酒浓。

一位媒人辛苦有，才得甜酒香得浓。

感谢礼物一丝丝，一个补巴裤子把你送。

让你又添福禄又添寿，再得子孙满家中。

2.

男方陪唱谢媒人
Nanb fangb peib changb xiet meix rend

媒人够受从浪没，

Meix rend goud shoub congb nangd meix，

窝兰言蒙度清楚。

Aod lanb yand mengd dub qingb chub.

见兰呕告足亲热，

Jianb lanb aot gaox zud qinb rex，

尼蒙鸟先弄求出。

Nit mengd niaox xianb nengb qiub chub.

巴内久虐阿充奶，

Bad niet jiud niub ad chongb liet，

笑陪会弟拿几偶。

Xiaob peib huib dis nad jib oud.

内配吉口华达呢，

Niex peib jib koud fad dad nit，

苟爬几蒙浪虐苦。

Goud pad jib mengd nangd niub kus.

浓总不汝久几喂，

Niongb zongx bub rub jiud jib wed，

糖单教鸟列嘎葡。

Tangb dand jiaob niaox lieb gad pub.

蒙列休拢少包没，

Mengd lieb xiud longd shaob baob miex，

汉拢莎列几剖捕。

Haid longs sead lieb jib bout pub.

媒人辛苦的情节，亲家奉承你清楚。

开亲结义最亲热，是你作合是你做。

工日丢下一多些，鞋子穿烂没得补。

亲家配你华达呢，来补你的大辛苦。

肉到口边要张接，糖到嘴边莫丢出。

你要起身快来接，接受心情热乎乎。

二、娘家开礼歌

1.

娘家配被子

Niangx jiad peib beix zid

送秋送公半冬送，

Songb qiut songb gongb band dongt songb，

尼剖送公几同内。

Nit boud songb gongb jib tongb niet.

要久嫁妆苟吉拢，

Yaob jiud jias zhuangs goud jib longd，

补内补蒙腊几没。

Bub niex bub mengd lad jib miex.

勾得包巧扛阿中，

Goud dex baod qiaob gangb ad zhongb，

被巧必求得包梅。

Beid qiaob bid qiub des baod miex.

阿内出起嘎拢松，

Ad niet chub qid gad longd songb，

阿蒙出善嘎斩写。

Ad mengb chub shait gad zhuanb xieb.

西内吾板闹吾龙，

Xid niet wud biad laod wud longb，

扛埋出令同帮内。

Gangb manb chub liongb tongb bangb niet.

送亲来到你家堂，我们不同别人家。

少了礼陪少嫁妆，亲家公婆我配差。

差差被子送一床，又旧又破不像话。

公公心里要宽想，婆婆宽心想一下。

从此以后得安康，又富贵来又发达。

2.

婆家接唱

Pob jiad jieb changb

鸭绒被子扛阿蒙，

Yad rongx beib zid gangb ad mengb,

配扛阿内阿蒙苟。

Peib gangb ad niet ad mengb goud.

阿内窝起兄融融,

Ad nieb aod qit xiongb rongb rongb,

阿孟兄善拿头斗。

Ad mengb xiongd shait nad toud doud.

那冬那柔苟白蹦,

Nad dongb nad rout goud baid bengb,

包通内图几安修。

Baod tongb niet tub jib and xius.

吉扣阿内恩情重,

Jin kout ad niet end qingb zhongb,

扛埋出求出发保勾娄。

Gangb manb chub qiub chub fat baob goud lous.

鸭绒被子把我送,配送公公婆婆收。

公公心里喜融融,婆婆心内乐悠悠。

好过腊月过十冬,睡到中午都不知。

感谢亲家恩情重,你们发达富贵得长久。

三、婆家开亲钱歌

1.

婆家唱

Pox jiad changb

到葡林林剖当兰,

Daob pub liongx liongx bout dangb lanb,

扬名到葡剖当秋。

Yangb mingb daob pub bout dangb qiut.

嫁妆埋送有若干,

Jiad zhuangt manb songb youd ruod gans,

太照剖标白堂屋。

Taid zhaob bout boud baid tangx wud.

求亲大话讲在先，

Qiub qind dad huab jianb zaib xianb,

接亲浪虐头艰苦。

Jieb qind nangd niub toux jianb kus.

配秋该配恩告块，

Peib qiut gaid peib end gaox kuab,

干列配当阿充久。

Gand lieb peib dangb ad chongb jiud.

欧块钱当拢消免，

Out kuanb qianx dangb longd xiaob miab,

礼小意重你吉图。

Lid xiaob yid zhongb nit jib tub.

几没现要没达千，

Jib meib xianb yaob meib dad qianb,

常猛吉泡打产录。

Changb mengd jib paob dad chanb lud.

得个名声把亲开，扬名四下庆花烛。
嫁妆你送有若干，摆在我家满堂屋。
求亲大话讲在先，接亲之时很艰苦。
配女你送金银块，再要配钱这许多。
我的礼轻来消免，礼小意重我心足。
不能嫌少接起来，回去发大万千出。

2.

娘家接唱
Niangb jiad jieb changb

出兰剖走告兰令，

Chub lanb boud zoub gaox lan liongb,

走兰内令嘎水想。

Zoub lanb niex liongb gad shuit xiangb.

配见几拢剖达中，

Peib jianb jib longd bout dad zhongb,

扛格告同恩告江。

Gangb gied gaox tongb end gaox jiangb.

配久配养剖腊冲，

Peib jiud peib yangd boud lad chongb,

扛剖告旧见剖浪。

Gangb boud gaox jiub jianb bout nangd.

几扣阿内闹阿蒙，

Jib koud ad niex laob ad mangb,

从汝剖立弄头忙。

Zongb rub bout lid nongb toud mangb.

今日开亲结了义，碰着大富好思想。
配钱递来我就取，送的金钱一大堆。
配多配好很乐意，送大送足没话讲。
感谢亲家感谢你，好情记住在书章。

四、婆家添钱歌

1.

婆家唱
Pox jiad changb

你口见兰剖佩要，

Nit koud jianb lanb bout peib yaob,

傍边几卜半产产。

Pangb bianb jib pub banx chans chans.

几没后想剖几到，

Jib meib houb xiangt bout jib daob,

剖浪困难埋几安。

Bout nangd kunb nand manb jib nias.

忙拢都标几哭巴格召，

Mangb longd doub boud jib kut bad gieb zhaob，

鸟打鸟桶否几片。

Niaox dad niaox tongb woud jib pianb.

欧块当弄把皮哨，

Out kuanb dangb nongb bad pib xiaob，

几洽哨皮几拢兰。

Jib qiat xiaob pib jib longd lanb.

阿内出起嘎火冒，

Ad niet chub qit gad huob maob，

阿孟出善嘎单干。

Ad mengb chub shait gad danb gans.

埋共常猛发泡泡，

Manb gongb changes mengd fad paob paob，

发千发万发几连。

Fab qianb fab wans fab jib lianx.

先前奶钱我配少，旁边小话讲起来。

没有把我想穷了，我们家里很困难。

现在主人把柜来打扫，柜有桶底都翻完。

两块钱币把皮哨，不情哨皮你面前。

亲家公公莫火冒，亲家婆婆莫心寒。

抬回家中发得好，发千发万发登天。

2.

娘家接添钱唱
Niangx jiad jieb tianb qianb changb

出兰剖走窝兰令，

Chub lanb bout zoub aod lanb liongx，

走兰内令酷剖养。

Zoub lanb niex liongb kut bout yangb.

开剖见兰足中绒，

Kaib boud jianb lanb zub zhongb rongb,

阿拔扛挂欧拔常。

Ad pad gangb guab out pad zhangs.

阿内几酷巴鸟桶，

Ad niet jib kut bad niaox tongb,

阿孟吉嘎巴角箱。

Ad mengb jib gad bad jiaob xiangb.

配久配养剖腊冲，

Peib jiud peib yangd bout lad chongb,

扛剖告旧见剖浪。

Gangb bout gaox jiud jianb boub nangd.

阿奶冲拔阿后剖卜保扛阿孟，

Ad liet chongb pad ad houb bout pub baob gangb ad mengd,

卜扛阿内阿孟浪。

Pub gangb ad niet ad mengb nangb.

阿半当弄列扛阿内常爬巴鸟桶，

Ad banb dangb nongb lieb gangb ad niet changs pab bad niaox tongb,

阿孟爬照巴鸟箱。

Ad mengb pad zhaob bad niaob xiangb.

西内吾板闹吾龙，

Xid niet wud biab laob wud longb,

同免那比吉两章。

Tongb mianb nad bib jib liangb zhangb.

埋腊令浪剖腊令，

Manb lad liongb nangb boud lad liongb,

几奶腊令几奶郎。

Jib liet lad liongb jib liet nangd.

开亲我们碰大户，碰了大户有搞场。

开我礼钱一大数，一盘递过一盘唱。

公公打开金仓库，婆婆打开金银箱。

配多配好我接住，送了我接在手掌。

那个端盘人帮我传话送家主，传送公婆听我讲。

这一些要送公公回去把仓补，婆婆回去补银箱。

从此以后成大富，财源广进如水涨。

你我两家增福禄，各人面上多福享。

五、酒席后祝贺歌

1.

唱新郎新娘
Changb xinb nangb xinb niangx

喜酒服抽苟萨说，

Xib jiux hub choub goud sead shuob，

方言大逃喜中酒。

Fangb yanb dad taob xid zhongb jiud.

梁王吉岔把婚结，

Liangb wangb jib cab bad hunb jieb，

阿柔岔打欧柔周。

Ad rout cab dad oux rout zhoub.

卜单他拢浪告内，

Pub dand tad longd nangd gaox niet，

天赐良缘配佳偶。

Tianb cib liangb yuanb peib jiab oud.

年青一对心喜悦，

Nianb qingb yid duib xinb xis yeb，

女嫁男婚出阿标。

Nit jiad nand hunb chub ad boud.

冬腊几察窝柔内，

Dongt lad jib cis aod rout niex，

人类繁衍靠崩欧。

Rend liet fans yanb kaob bengd ous.

新婚夫妇埋欧奶，

Xinb hunb hub fub manb out liet，

几酷吉妆窝柔头。

Jib kut jin zhangs aod roud tous.
勤劳致富出家业，
Qingb laob zhid fub chub jiad yued,
嘎茶绒善嘎洽口。
Gad cab rongb shait gad qiab koud.
得拔得浓必几借，
Dex pab dex niongb bid jib jieb,
发拿打声包拿缪。
Fab nad dab shongt baed nad mioud.
荣华富贵同单内，
Rongx huab fub guib dongb dans niet,
富贵双全永千秋。
Fub guib shuangb quanb yongd qianb qius.

喜酒喝醉把歌说，方言几句喜中酒。
梁王提倡把婚结，朝朝代代来传留。
讲到今天的情节，天赐良缘配佳偶。
年青一对心喜悦，女嫁男婚一家子。
传宗接代好花色，人类繁衍须如此。
新婚夫妇同心结，恩爱和合得长久。
勤劳致富创家业，辛勤劳动好能手。
儿女高上都有得，发似鱼虾旺登头。
荣华富贵过日月，富贵双全永千秋。

2.

娘家唱少嫁妆
Niangx jiad changb shaob jiad zhuangs

堂屋堂卡摆几白，
Tangb wud tangb kad biab jid baix,
几白太照打虫标。
Jid baix tait zhaob dad chongx boud.
太照都标正龙脉，

Taib zhaob dous boud zhengb longd manb，
桌上摆出好美酒。
Zhoub shangb biab chub haod meis jiux.
围桌兰炯阿充内，
Weib zhoub lanb jiongb ad chongb niex，
炯半扛王达周柳。
Jiongb band gangb wangb dad zhoub liub.
打大内蒙窝兰乖，
Dad dab niex mengd aod lanb guax，
姑娘姊妹众朋友。
Gud niangx zib meix zongb pengb yous.
有说有唱好亲热，
Youd shuob youd changb had qinb rex，
大席几叟吉年周。
Dad xib jib soub jib nianb zhoub.
正客浪纵不得色，
Zhengd ges nangd zongx bub des sex，
尼会空空拢服酒。
Nit huib kongt kongt longd hub jiux.
嫁妆许配莎几没，
Jiad zhuangs xud peib sead jib meix，
到葡送秋闹都标。
Daob pub songb qiut laob dub boud.
卡卡拢送阿奶内，
Kad kad longs songb ad liet niex，
迷奶腊会空空斗。
Mid liet lad huib kongt kongt dous.
都标嘎出窝起则，
Doub boud gad chub aod qit zed，
容量出起想几头。
Rongb liangb chub qit xiangt jib toud.

堂屋人众都喜悦，中堂正堂摆桌子。

摆在正中正龙脉，桌上摆出好美酒。
围桌亲眷好多些，围坐团圆喜悠悠。
外公岳丈笑眯眯，姑娘姊妹众朋友。
有说有唱好亲热，大家喜乐笑开口。
正客方面不得色，都是空手亲喝酒。
嫁妆许配都没得，脸上无色丢了丑。
我们随嫁有一些，人人都是打空手。
主人面上宽想些，容量宽怀莫心忧。

3.

唱媒人
Changb meix renb

喜酒堂中最林总，
Xid jiux tangb zhongb zuib liongx zongb,
便排照告窝兰况。
Biat paib zhaob gaox aod lanb kuangb.
开口出言苟萨孟，
Kaid koud chub yanb goud sead mengd,
吉后度标几浓堂。
Jib houb dub boud jib niongb tangb.
苟度媒人卜阿炯，
Goud dub miex rend pub ad jiongb,
从拿窝干麻林当。
Zongx nat aod gab manb liongx dangb.
龙配龙浪凤配凤，
Longd peib longd nangd fengb peib fengb,
靠蒙阿绒候拢帮。
Kaob mengd ad rongx houb longd bangb.
阴功修好几冬炯，
Yinb gongb xiud haob jib dongb jiongb,
炯气古老浪窝昂。
Jiongb qib gub laob nangb aod ghax.

喜酒堂中多亲朋，五方六面亲戚广。
开口出言把礼用，都把主家唱浓堂。
媒人辛苦恩情重，好情大大如山岗。
龙配龙亲凤配凤，靠你媒人来担当。
阴功修好福禄中，坐享古老的寿长。

第五章　结亲坐席歌之三

1.

唱新娘
Changb xind niangx

斗度拔秋列架捕，
Doud dub pax qiut lieb jiad pub,
喂卜几洽蒙几江。
Wed pub jib qiat mengd jib jiangs.
三从四德立在书，
Sand congx sib deb lid zaib shub,
告浪礼书没头忙。
Gaox nangd lid shub miex toud mangd.
在家由父嫁从夫，
Zaib jiab youd fub jiad zongb fub,
久同你内骂吉标浪窝昂。
Jiud tongb nit meib mab jid boud nangd aod gahx.
孝顺公婆为父母，
Xiaob shund gongb pot weid fub mub,
斗度嘎崩列浪当。
Doud dub gad bengd lieb nangd dangt.
求茶浪昂列候出，
Qiub cad nangd ghax lieb houb chub,
男帮女撑互相帮。
Nand bangb nit cund hub xiangb mangb.

茶渣浪昂列出标，

Chas zhab nangd ghax lieb chub boud,

乖从弟爬列蒙荒。

Guad zongb dis pad lieb mengd huangb.

闲空浪昂苟兰古，

Xianb kongb nangd ghax goud lanb gus,

吉龙度崩走一双。

Jib longd dub bengd zoub yi shuangb.

尊敬爷娘炯苟虐，

Zund jund yeb niangx jiongb goud niub,

这是完全理应当。

Zheb shib wanb qianb lid yind dangb.

嘎忙打奶无故会儿读，

Gad mangb dad liet wub gus huid jid dub,

出牙嘎搞王家强。

Chub yad gad gaos wangb jiad qiangb.

礼仪道德合当初，

Lin yid daob des hed dangx chut,

才是桂花满园香。

Caid shib guib huas manb yuanb xiangt.

新娘听我歌来述，听我把话对你讲。

三从四德立在书，礼书里面有文章。

在家由父嫁从夫，不同你在父母的家堂。

孝顺公婆为父母，有事夫妻要商量。

农忙之时要帮做，男帮女撑互相帮。

农闲之时要织布，要补衣裤洗烂脏。

闲空之时走父母，夫妻同去走一双。

尊敬爷娘要你主，这是完全理应当。

不要自己无故把门出，都要莫搞忘假场。

礼仪道德合当初，才是桂花满园香。

2.

相劝新娘把歌扯，

Xiangb quanb xins niangx bad guod ched，

洞喂内共岔保蒙。

Dongb wed niex gongb cad baos mengd.

阿气几怕蒙几内，

Ad qis jib pad mengd jib niex，

苟拢送嘎剖浪洞。

Goud longb songb gad boud nangb dongb.

出牙列排洞斗内，

Chub yad lieb paib dongx dous niex，

嘎拢阿气辛苦炯蒙林。

Gad longs ad qib xins kut jiongb mengd liongx.

为人记住三纲者，

Weib rend jid zhub sand gangc zhed，

君臣义重拿苟绒。

Jind chengd yid zhongb nad goud rongb.

父子亲爱是可也，

Fub zid qind aib shib ked yeb，

夫妇尽可顺从容。

Fub hud jinb keb shunb zongb rongb.

还要哪里去修写，

Haib yaob nad lid qis xiub xueb，

列求南海拜观音。

Lieb qiub nand hais banb guanb yib.

吉拿打奶苟内克，

Jid nad dad liet goud nieb ket，

嘎扛内骂当克炯草松。

Gad gangb niex mab dangb ket jiongb caos songb.

阿那扛单欧补内，

Ad nat gangb danb out pub niet，

嘎出言而无信不可从。

Gab chub yanb erb wud xins bub ked zongb.

聪明牙要本可也，
Congb mingb yad yaob bend ked yes，
安蒙想半同几同。
Anb mengd xiangb banb tongb jib tongb.

相劝新娘把歌扯，歌唱几句让你听。
你和父母来分别，出嫁来到我们村。
女儿要记阿娘些，莫忘当初娘母受苦辛。
为人记住三纲者，君臣父子的实情。
父子亲爱是可也，夫妇尽可顺从行。
还要哪里去施舍，要去南海拜观音。
各人面上好修些，莫让父母等望坐操心。
一月要去两三回，莫做言而无信不可行。
聪明姑娘本可也，不知这话真不真。

3.

唱引亲娘
Changb yinb qins niangx

歌言唱送引亲娘，
Goud yand changes shongb yinb qinb niangx，
吉伞蒙汝阿奶拔。
Jid suand mengd rub ad liet pab.
同图就标伞窝梁，
Tongb tub jiux boud suand aod liangx，
发照背高单窝便。
Fab zhaob bib gaox dans aod biat.
家内吉标汝全堂，
Jiab niex jib boud rub qianb tangb，
告豆汝得亚汝嘎。
Gaox dout rub dex yad rub gad.
头上父母更齐强，
Toub shangb fub mub gangb qid qiangb，

百岁炯通阿吧阿。

Beid suib jiongb tongt ad bad ad.

乙候内出腊乙江，

Yid houb niex chub lad yid jiangs,

发达兴旺同内帮。

Fab dad xins wangb tongx niex bangb.

夫妇同老寿年长，

Fud hub tongb laob shoub niab zhangs,

窝虐快夫求杀萨。

Aod niub kuaib fud qiux shad shab.

歌言唱送引亲娘，挑选你个好美女。

起屋要选好木梁，发枝发叶从苑起。

家内前后好全堂，膝下好儿又好女。

头上父母更齐强，百岁又加二十几。

你来引亲是正当，发达兴旺从此去。

夫妇同老寿年长，龙凤朝阳生光辉。

4.

唱背亲小舅子

Changb beid qins xiaod jiub zid

卜牙拔秋浪计内，

Bub yad pax qiut nangd jib niet,

洞喂内共岔包蒙。

Dongb wed niex gongb cas baod mengd.

单虐几怕蒙苟梅，

Dand niub jib pat mengd goud miex,

苟拢送扛剖出龙。

Goud longd songb gangb boud chub longx.

必求那欧浪忙得，

Bid qiux nat out nangd mangb dex,

逢春午未要分明。

Fengx chuns wud weid yaod fens mingb.

会送豆竹自休色，

Huib songb daot zhub zid xius set，

苟让送拢列蒙炯。

Goud rangb songb longd lieb mengd jiongb.

排照窝起莎儿克，

Paib zhaob aod qis sead jib ket，

五梅吉江篓见兄。

Wud miex jib jiangs loud jianx xiongt.

斗半斗腊几没为，

Doud band doud lad jib meix weid，

告洞腊矮周那林。

Gaox tongt lad and zhoud nat lingb.

将善斗蒙苟酷内，

Jiangs shait dous mengd goud kus niex，

候扛麻拢酷麻能。

Houb gangb mab nongx kus manx nongx.

嘎忙等望苟休否拢克，

Gad mangb dengx wangb goud xius woud longd kes，

苟梅否炯内浪总。

Gud miex woud jiongb niex nangd zongx.

挂欠列送大奶白，

Guab qianb lieb songb dad liet beid，

酷兰列扛茶苟冬。

Kut lanb lieb gangb cad goud dongt.

又唱新娘的兄弟，听我把话报你知。
到期分别你姐妹，嫁到我村家里头。
好似二月的蜂蜜，逢春午未要分手。
走到门边伞打起，妹妹出嫁要你游。
想在心里不过意，泪水流下心中忧。
出门没有了田地，大田宽地把你留。
孝敬父母望靠你，养老尽孝用心思。

不要等望妹妹娘家回，妹妹她是婆家留。
挂念只送一些礼，要等农闲才来走。

5.

唱小舅妈
Changb xiaod jiub mad

沙牙拔秋浪达嫂，
Sead yad bad qiut nangd dad saob,
吉汝动萨照中缪。
Jib rub dongb sead zhaob zhongb mioux.
丈夫妹妹分别了，
Zhuangb fub meid meid fend bieb les,
家中事务江周某。
Jiab zhongd shib wud jiangb zhoud moud.
孝顺公婆要搞好，
Xiaob shund gongb pox yaob gaod haob,
嘎忙单干帮强几求斗。
Gad mangb dand gand bangb qiangb jib qiub dous.
出内嘎共窝起巧，
Chub niet gad gongb aod qib qiaob,
前朝有例不可修。
Qianb zhaob youd lieb bub koud xiud.
各人门前自打扫，
Guod renb menb qianb zid dad saob,
打奶半弟打奶苟。
Dad liet danb did das liet goud.
家中事务要你抄，
Jiab zhongb shib wud yaod nis chaob,
蒙酷内浪内酷剖。
Mengd kut niet nangd niex kut boud.
几尼照几列包召，
Jid nit zhaob jid lieb baod zhaob,

出起几况写几头。
Chub qid jib kuangt xied jib toud.
公道各人要懂到，
Gongb daob goub renb yaob dongb daob,
幸福到他炯猛楼。
Xind fub daob tad jiongb mengd loub.

歌唱新娘的大嫂，抬耳听话在耳边。
丈夫妹妹分别了，家中事务靠你担。
孝顺公婆要搞好，早早夜夜也要你操持。
做人心事莫起巧，前朝有例不可免。
各人门前自打扫，各自打扫各门前。
家中事务要你操，你帮人家人帮你。
哪里有误要改掉，心里也要想得宽。
公道各人要懂到，幸福快乐坐千年。

6.

唱新郎
Changb xind nangb

斗剖得苟卜大逃，
Doud bout dex goud pub dad taob
喂卜几洽蒙几候。
Wed pub jib qiad mengd jib houb.
到得到欧耐烦照，
Daob dex daob oud nand fanb zhaob,
嘎忙无故苟内吼。
Gad mangb wud gub goub niex hongb.
思想不良要丢掉，
Sid xiangt bub liangb yaob diud diaob,
夫妇同堂万事休。
Fub hud tongb tangb wanb shib xiud.
几内阿苟单忙叫，

Jin niet ad goud dand mangb jiaob,

天要麻黑长闹标。

Tianb yaob manb hied zhangs loab boud.

出内嘎苟皮气造，

Chub niex gad goub pib qid zaob，

家家如汝管否求。

Jiad jiad rub rub guanb woud qiub.

单久苟冬列吉辽，

Dan jiud goud dongt lieb jib liaob，

互相商量来研究。

Hub xiangt shangb liangb laid yand jiux.

对蒙对喂哈哈笑，

Duib mengd duib wed has has xiaob，

卜度几叟吉年周。

Pub dub jib soud jib niand zhoub.

夫妇顺从莫骄傲，

Fud hub shunb zongb mod jiaod aob，

告浪三纲没头抽。

Gaox nangd sand gangb miex toud choud.

酷秋酷兰几炯闹，

Kut qiut kut lans jib jiongb laob，

夫妇和睦一路走。

Fub hub heb mub yis lub zoub.

苟冬几批吉候到，

Goub dongt jib pis jib houb daob，

几娘照几列候头。

Jib niangx zhaob jib lieb houd toub.

嘎忙出汉几善吉矮召阿告，

Gad mangb chub hais jib shait jib and zhaob ad gaob，

几列内谈巴度秋。

Jib lieb niex tanb bad dub qiut.

耕读为本最可靠，

Gend dub weis bend zuib ked kaos，

穿吃二字完全有。
Chuans chib erd zis wanb quanx youd.

兄弟要听我来报，我讲要听话罗头。
得了媳妇莫骄傲，不能无故把人吼。
思想不良要丢掉，夫妇同堂万事休。
白天夜晚同一道，天要抹黑转家走。
做人不能脾气躁，细想不要冒火球。
农忙工夫时节到，互相商量来研究。
对你对我哈哈笑，讲话轻言细语有。
夫妇顺从莫骄傲，三纲五常要遵守。
走亲二人一同到，夫妇和睦一路走。
工夫繁忙要帮到，帮助岳丈家里头。
不要做那躲躲闪闪不理料，不要让人谈我丑。
耕读为本最可靠，穿吃二字完全有。

7.

唱妯娌
Changb zoud lid

萨忙沙牙浪欧秋，
Sead mangb sad yad nangd out qiut,
阿那当秋蒙腊到大嫂。
Ad nat dangd qiut mangd lad daob dad saob.
炯牙共苟闹流吾，
Jiongb yad gongb goud laob liub wud,
天晴同去割柴草。
Tianb qingb tongb qid goud caib caob.
出散出茶会兵竹，
Chub sait chub cab huib bingb zhub,
几穷窝得蒙列包。
Jib qingb aod dex mengd lieb baob.
列爬底斗扛不吾，

Lieb pab did doud gangb bub wud,

出列出锐吉候搞。

Chub lieb chub ruit jib houd gaod.

嘎忙纵捕内鲁术，

Gad mangb zongb pub niex lud shub,

出内嘎共窝起巧。

Chub niex gad gongb aod qid qiaos.

到他宽松夫录录，

Daob tad kuanb songb fub lub lub,

全靠各人思想好。

Quanb aob goub rend sid xiangt haob.

单约阿气阿内骂将兵扛内酷，

Dand yox ad qis ad niex mab jiangs bingb gngb niex kut,

牙要蒙你内阿乔。

Yad yao mengd nit niex ad qiaob.

酷兰长闹骂浪足，

Kut lans changs laob mab nangd zus,

酒肉宽待单吃饱。

Jiud roub kuanb daib dand chis baob.

歌唱新娘妯娌听，兄弟得妻你也得大嫂。

引她挑水到水井，天晴同去割柴草。

生产劳动走出门，不知地名你要教。

喂猪也要来帮衬，煮饭炒菜要帮搞。

不要把那是非论，做人不要起心巧。

凡事都要用公平，全靠各人思想好。

到了那时候父母把你嫁出门，姑娘你去别家了。

那时你转来走亲，酒肉宽待平吃饱。

8.

唱大哥老弟

Changb dad guod laod dib

列沙阿由龙阿翠，

Lieb sead ad youd longd ad cuib,

欧奶内然想几况。

Out liet niex rax xiangt jib kuangt.

水有源头话有意，

Shuib youd yand toud huab youd yib,

这样我来对你讲。

Zheb yangb wod laib duib nit jiangs.

大哥姻缘先成配，

Dad guod yind yuanb xianb chengx peib,

得就单埋吉想莽。

Dex jiud dand manb jib xiangt mangd.

斗埋欧奶照吉追，

Dous manb out liet zhaob jid zuib,

当单叟就候埋当。

Dangb manb soub jiud houb manb dangs.

父母是掌天平吹，

Fub mub shib zhangb tianb pingb cuid,

莎尼五两配半扛。

Sead nit wud liangb peib band gangb.

要讲一团的和气，

Yaob jiangb yid tuanb ded hes qib,

卜度比糖再嘎江。

Pub dub bib tangb zaid gad jiangb.

卜拢保埋尼几尼，

Pub longd baod manb nit jib nit,

代意耐烦号松想。

Daib yid nand fant haod songb xiangt.

歌唱家里的小弟，大小兄弟听宣扬。
水有源头话有意，这样我来对你讲。
大哥姻缘先成配，明年到你也不忙。
你们二人在后追，往后几年把你当。

父母天平不偏移，都是半斤配五两。
要讲一团的和气，讲话细语甜如糖。
此话不差听过细，也要耐烦好生想。

9.

唱婆婆
Changb pox pox

内林吉标卜扛动，
Niex liongx jib boud pub gangb dongt,
内共洞喂苟蒙莎。
Niex gongb dongs wed goud mengd sead.
到龙单标莎江红，
Daob longd dand boud sead jiangs hongb,
茶锐茶这没内茶。
Cad ruit cad zheb miex niex cad.
扛蒙吉交板纵炯，
Gangb mengd jib jiaod biab zongb jiongb,
快夫列候内炯嘎。
Kuain fud lieb houb niex jiongb gad.
天赐麒麟毕嘎浓，
Tianb cib qib linx bid gad niongb,
迷图迷久尼阿那。
Mib tub mib jiud nit ad nat.
龙生龙子凤养凤，
Longd shengd longd zid fengb yangb fengd,
得拔得浓首几达。
Dex pad dex niongb shoub jib dad.
阿板不浪阿半冲，
Ad biad bub nangd ad bans chongb,
再列浓白浓糖挂。
Zaib lieb niongb bad niongb tangb guad.
嘎休吉标林中中，

Gad xius jib boud liongx zhongb zhongb,

得林排闹学堂阿。

Dex linds paib laob xued tangb ad.

通情达理窝起明，

Tongb qingb dad lib aod qis miongd,

考到大官坐长沙。

Kaod daob dad guanb zuob changs shab.

接蒙苟猛长沙炯，

Jied mengd goud mengd changs shab jiongb,

到他宽松周哈哈。

Daob tad kuans songb zhoub had had.

洞喂言萨你堂总，

Tong wed yand sead nit tangb zongb,

完全尼真几尼假。

Wand quanb nit zhengd jib nit jiab.

婆婆家中你要听，耐烦要听几句话。
得了儿媳你满心，洗菜洗碗有了她。
让你宽心不担承，快活引孙笑哈哈。
不久天就赐麒麟，孙儿几个乐开花。
龙生龙子凤养亲，男儿女儿都成家。
玉种蓝田多儿孙，儿孙高上多有发。
家中孙子要你引，引大送去学堂耍。
通情达理心聪明，考得大官坐长沙。
接你去到长沙城，宽心满意笑哈哈。
听我歌言来奉承，完全是真不是假。

10.

唱公公
Changb gongb gongb

吉标阿那洞喂岔，

Jib boud ad nat dongb wed cas,

动浓那林苟萨板。

Dongb niongb nad lingx goud aeas biad.

他拢到龙苟标嘎，

Tad longd daob longd goud boud gad，

尼总尼内候吉年。

Nit zongb nit niex houb jib niad.

家中事情莫丢下，

Jiab zhongb shib qiangb mob diub xiab，

嘎忙将太窝求腊久管。

Gad mangb jiangb taib aod qiub lad jius guanb.

空闲时间留达爬，

Kongb xiab shib jianb liub dad pab，

互相帮助达起见。

Hub xiangt bangb zhub dad qis jianb.

积肥少包共抱牙，

Qid feib shaob baob gongb baob yad，

为了来年大增产。

Weid leb laib niab dad zunb chanb.

秧花林高章吉他，

Yangb huad lingb gaob zhangs jib tad，

八月秋后谷仓满。

Bab yued quidb houb gub changb manb.

足食丰衣没窝抓，

Zud shib fengd yid miex aod zhab，

没见没嘎没欧先。

Miex jianb miex gad miex oud xiant.

嘎休吉交背照抓，

Gad xiub jib jiaod bid zhaob zhab，

抽列没嘎候窝烟。

Choub lieb miex gad houb aod yant.

充蒙能特几然加，

Chongb mengd nengd teb jid rax jiad，

内难几连吉判满。

Niex nand jib lianb jib paib manb.

他拢埋标否西大，

Tad longd manb boud foud xid dad，

西内苟让拿吾板。

Xid niet goud rangb nad wud biab.

特特服酒会吉麻，

Ted ted hub jiux huib jid miab，

阿吧棍草牙亚解。

Ad bab gund caod yad yad jies.

干强干抢出内卡，

Gaid qiangx gaid qiangd chub niex kab，

将善吉追没内贪。

Jiangs shuait jib zuib miex niex tanb.

沙蒙汉拢几尼夸，

Sead mengd haid longd jib nit kuab，

到他叉安尼麻单。

Daob tad cad and nit mab dans.

家中公公听歌话，听我几句好歌言。
今天儿媳进了家，是人大众心喜欢。
家中事情莫丢下，不要什么都不管。
空闲守牛帮一下，互相帮助忙得开。
积肥捡粪事也大，为了来年大增产。
田种禾苗有肥撒，八月秋后谷仓满。
足食丰衣富裕家，有钱还有新衣穿。
儿孙满堂笑哈哈，饱饭他们帮装烟。
送你快活讲大话，儿大分家坐满寨。
喊你吃饭去各家，每家每产都来喊。
天天吃酒都醉大，没有忧愁百样解。
赶场做客忙不下，放心乐肠都不管。
我讲这些不是假，全部都是吐真言。

第六章　简仪古话古歌

一、天地形成的古话古歌

1.

堂岁度共几卜，

Tangb siub dub gongb jid pub,

萨共吉岔。

Seax gongb jid cab.

剖乜虐西浪度没纠谷纠龙，

Bous niad niub xid nangb dus meib jioub gux jioud longb,

内骂虐满浪萨没纠谷纠缪。

Nied mab niub mand nangb seax meib jioub gux jious mioub.

纠谷纠龙他弄喂卜阿龙，

Jioud gub jioud longx tat nengb weid pux as longt,

纠谷纠缪他弄喂岔阿修。

Jioud gub jioud mioub tax nengb weit cab as xioud.

虐西背够几没崩豆崩柔，

Niub xid deix goub jid meis bengx doub bengb rout,

虐满比流几没崩格崩那。

Niux manb bib lioub jid meix bengb geb bengb nat.

几超见补少良阿奶楼嘎，

Jis chaob jiant pud shaob nangb as lieb noub gad,

吉干见江少良阿奶楼录。

Jid gant jianb jiangb shaob nangb as lied loub lub.

吉浪抱没阿奶内共达毕，

Jid langx baot meib as lieb nied gongd das bid，

吉图炯没阿久内共达变。

Jid tub jiongb meid as jioub nieb gongb das bianb.

达毕自尼盘古，

Das bid zid nib panb gud，

达变自尼内共。

Das biand zid nib nied gongx.

酒席堂中的歌，堂里的话。

祖宗从前的歌有九十九首，先人古代的话有九十九串。

九十九首今日我唱一首，九十九串今天我理一串。

从前地上没有大地大坪，远古天上没有日月星辰。

合做一块好似一个鸡卵，箍作一坨好像一枚鸭蛋。

里面包有一个老人达毕，内里坐有一位老者达变。

达毕就是盘古，达变就是老人。

2.

盘古安洞抱见迷产万柔，

Panb gud and dongb beb jianb mid chant wanb roub，

内共安洞抱见迷吧万就。

Nied gongb and dongb beb jianb mid bab wanx jioud.

盘古照风片松吉乖达千，

Panb gud zhaob fengb piand songb jis guanb das qiand，

内共照计片莎松目达四。

Nied gongb zhaob gib pianb seax songd mub das suib.

否浪窝闹几召，

Woud nangb aod laob jib zhaob，

否浪窝斗吉他。

Woud nangb aod doud jis tab.

否苟楼嘎召豆见白见色，

Woud goub noub gad zhaob doub jiand bieb jianb seib，

否苟搂录召豆见块见洽。

Woud goub noub lub zhaob doub jiand kuand jianb qix.
麻下用求几超见约打便，
Mab xias yongb quid jid chaod jianb yod das biad，
麻浓得闹吉动见约打豆。
Mas nongb deib laob jid dongt jiand yod das dous.
汉拢剖乜莎腊没萨够周，
Haib longd boud niad seax lad meid seax goud zhoud，
办拢内骂莎腊没度卜保。
Banb longd nieb mad seax lad meib dub pux baod.

盘古不知睡成几千万年，达变不知困成几万万载。
盘古被那冷风慢慢吹醒，达变被那云雾慢慢吹动。
他的双脚一伸，他的双手一推。
他把鸡卵打破成了粉粉，他将鸭蛋打碎成了块块。
轻轻粉粉飞上成了天空，重重块块沉下成了大地。
这些祖宗也都有歌来唱，这般先人也都有话来传。

3.

西昂几没崩豆那，
Xid angd jid meib bengb dous nat，
虐满几没崩豆柔。
Niub mand jis meib bengb dous roub.
兵约盘古窝内抓，
Biongd yod panb gud aos nied chuab，
辟地开天出欧纠。
pid deis kaid tiand chub ous jioub.

以前没有日月星，古时没有大地川。
出了盘古大狠人，辟地开天做两块。

4.

盘古达起苟巴尼奶格出内，
Panb gus das qid goub bas nib lieb giet chus niet，

达变叉起苟巴抓奶格出那。

Das bianb cab qud goub bas zhad lies gied chus nax.

窝比出图出拢、出锐出构，

Aos bid chud tub chus longb、chud ruib chus goud,

巴缪出走出绒、出夯出共。

Bas mioud chus zhoub chus rongb、chud hangb chus gongt.

昂苟出豆，

Ghax goud chud dous,

松苟出柔。

Songb goud chud rout.

穷出吾达吾篓，

Qiongb chud wud das wus loub,

嘎弄出格出昂。

Gas nengb chud geid chus ghax.

背他出吉西苟，

Beid tab chus jis xib goub,

背术苟出吉西绒。

Deis shub goub chub jis xib rongb.

几安挂约迷产万豆，

Jid ans guab yod mid chanb want dous,

安洞挂约迷吧万就。

And dongb guab yob mid bab wanx jioud.

打便几竹挂闹打豆，

Das biab jid zhut guad laob das doub,

便内吉洽挂闹当夯。

Biab nien jis qian guat laod dangb hangd.

女娲达起几容补柔苟他，

Nid wab das qib jis rongb bux rout goud tas,

娘娘达起几窝补闹苟拢。

Niangb niangb das qib jis aos bud laox goud longb.

爬面周周，拢面占占。

Pab mianb zhoud zhoud, longb mianb zhand zhand.

汉拢剖乜莎腊没萨够周，

Haib longd boud niad seax lad meid seax goud zhoud,
办拢内骂莎腊没度卜保。
Banb longd nieb mad seax lad meib dub pux baod.

盘古他才将左边眼睛当日，达变他才把右边眼目当月。
毛发做竹做木、做草做藤，鼻子做山做岭、做川做谷。
肉来做土，骨来做岩。
血液做泉做水，嘴巴做海做洋。
手指做山做梁，手臂做岗做峦。
不知过了几千万年，不知过了几万万载。
天上震开垮下凡间，上空震动塌下凡尘。
女娲她才熔炼岩石来补，娘娘她才冶炼岩块来塞。
补得光光，塞得满满。
这些祖宗也都有歌来唱，这般先人也都有话来传。

5.

西虐打便挂闹夯，
Xid niub das biab guab laox hangd,
挂闹冬豆见阿纠。
Guab alox dongb dous jianb as jioud.
女娲炼石补天刚，
Nid wad lianb shid bud tiand gangb,
补天拢汝面周周。
Bud tians longb rub mianb zhoud zhoud.

从前传说天空垮，垮下凡间成一轮。
女娲炼石补了它，补天她是大功臣。

6.

照弄打便达起没内拢巴，
Zhaob nengb das biab das qid meib nied longb bad,
龙羊便内叉起没那拢明。
Longb yangb biad nies cab qis meib nuab longd miongb.

没风拢休，没计拢片。

Meib fengb longb xiub, meid jib longb pianb.

没龙拢达，没白拢良。

Meid longt longb das, meid bieb longb liad.

打豆达起没锐拢花，冬腊叉起没够拢泡。

Das doub dab qis meib ruib longb huad, dengb lab cab qis meib goub longb paod.

没图拢单，没崩拢豆。

Meib tub longb dans, meib bengb longb dous.

几吾达起没声拢包，没缪拢归。

Jid wub das qis meib shongb longb baos, meid mioub longb guid.

汉拢剖乜莎腊没萨够周，办拢内骂莎腊没度卜保。

Haib longd boud niad seax lad meid seax goud zhoud, banb longd nieb mad seax lad meib dub pux baod.

这样天空才有太阳生辉，如此天空才有月亮照耀。

有雾来起，有风来吹。

有雪来下，有雨来淋。

大地才有野菜来发，四野才有野草来生。

有树来生，有花来开。

水里才有虾子来生，有鱼来游。

这些祖宗也都有歌来唱，这般先人也都有话来传。

7.

阿剖大耸抱陇图，

As poub das shongd baob longb tud,

冬腊冬豆莎几主。

Dongb lab dongb dous seab jis chub.

龙休龙忙达不不，

Longd xioub longs mangb das bud bud,

冬腊汝吾亚汝斗。

Dongs lab rub wud yad rub doud.

背苟背绒叉虐处，

Beid gous beis rongb cad niub chub,

发锐发兔发吉夫。

Fas ruib fas miab fas jid fub.

天上雷神来打鼓，大地震动不得了。

雨雪冰霜不停住，江河湖海水涨高。

山川坡岭有草树，百种百样发百草。

二、人类祖先的古话古歌

1.

召阿嘎吾浪当抱约阿偶蜉蝣岁会，

Zhaob as gas wud nangb dangb baob yos as oud fub yout suib huib,

窝昂浪当抱约阿偶没闹打缪。

Aos gangb nangb dangb baob yos as oub meib naob das mioub.

嘎弄水能，背斗水动。

Gab nengb suid nengb, deib doub suid denb.

安洞浪当挂约迷产万柔，苟追莎腊挂约迷吧万就。

And dongb nangb dangd guab yod mid chant wanb roub, goub zuib shab lab guab yod mib bab wanb jioub.

阿偶蜉蝣变尖居父求你棒补，阿偶缪闹变尖居母求单棒处。

As oud fub youb bianb jianb jiub fub qiud nid bangb but, as oub mioud laob bianb jianb jiud mud qiud dans bangb chut.

几得吉卡，吉袍几斗。

Jid deib jid kas, jid paob jis doud.

阿内达毕阿内，阿就达变阿就。

As nied das bib as nieb, as jioud das bianb as jioud.

安洞浪当挂约迷产万柔，苟追莎腊挂约迷吧万就。

And dongb nangb dangd guab yod mid chant wanb roub, goub zuib shab lab guab yod mib bab wanb jioub.

蜉蝣达毕叉见打兔，缪闹达变叉见猿猴。

Fub youb das bib cab jianb das miand, mioud laob das bianb cab jianb yanb houd.

打免变内，猿猴变总。

Das miand bianb nied, yanb houd biand zongb.

见内尼安没内，见总几安没骂。

Jianb nied jid ans meid nieb, jianb zongb jis ans meib mab.

汉拢剖乜莎腊没萨够周，办拢内骂莎腊没度卜保。

Haib longd boud niad seax lad meid seax goud zhoud, banb longd nieb mad seax lad meib dub pux baod.

从那水域慢慢化生出了一只会游蜉蝣，
海洋慢慢孵化出了一条有脚的鱼。
嘴巴会吃，尾巴会动。
不知岁月过了几千万年，如此日子过了几万万岁。
一只会游的鲤变成居父上到陆地，一只有脚的鱼变成居母上到旱路。
经干经湿，经化经发。
一天化生一天，一年变化一年。
不知如此过了几千万年，以后岁月过了几万万岁。
蜉蝣达毕才具人体，鱼儿达变才现人形。
人体变化，人形变人。
成体不知有母，成形不知有父。
这些祖宗也都有歌来唱，这般先人也都有话来传。

2.

猿猴虐满变见内，

Yanb houd niub mand bianb jiand lied,

穷内几穷阿八首。

Qiongb nied jid qiongb as bab soud.

能背能够能背内，

Nengd beid nengb gous nengb beid lied,

冬腊起没内拢周。

Dongb lab qib meib lied longb zhoub.

蜉蝣从前变成人，成人不知有父母。
吃花吃果吃生生，大地从此有人住。

3.

冬豆达起出毕出包，

Dongb dous das qis chud bib chub beb,

冬腊达起出发出求。

Dongb lab das qid chub huad chub qiub.

同图花拢白走白绒，

Tongb tud huab longb beid zoub beid rongb,

同拢花拢白夯白共。

Tongb longb huas longb beid hangd beid fongb.

同得白帮列几白色，

Tongb deis beid bangb lieb jid beib seib,

同借白柔列几白桶。

Tongb jieb beid rongb lieb jis bieb tongb.

几白见约欧叉，

Jid bieb jianb yod ous cas,

几分见约欧求。

Jis fenb jianb yod ous qiud.

阿叉腊你吾滚吾穷让服，

As cas lab nib wud gunb wus qiongb rangb fus,

欧求腊你豆滚平半让能。

Oud qiub lab nid doub gunb pingb banb rangb nengb.

安洞内挂拿几，

And dongb nieb guab nab jib,

那挂拿满。

Nab guab nas manb.

齐埋得你几没几同，

Qib manb deis nis jid meib jis tongb,

秋炯几没几良。

Qiub jiongb jid meib jid nangb.

齐埋达起牛标几分，

Qib manb das qib niub boub jib fenb,

内章几白。

Nied zhangb jis beib.

内出苟洞夏，

Nied chub goub dongb xiab,

骂出苟洞浓。

Mab chus goub dongb nongb.

内理吉标，

Nieb lib jis bous.

骂出板弟。

Mas chud banb dis.

汉拢剖乜莎腊没萨够周，

Haib longd boud niad seax lad meid seax goud zhoud,

办拢内骂莎腊没度卜保。

Banb longd nieb mad seax lad meib dub pux baod.

凡间这才发人发众，凡尘这才发物发旺。

如树发来满山满岭，似竹发来满坪满园。

如蜂满桶要来分家，似蜜满巢要来分桶。

分家成了两岔，分开成了两路。

一岔坐在黄水潖水两边，一路居住黄土高岭山梁。

不知时过多久，月往多时。

他们住处不是相同，居处不是相似。

他们这才屋梁分别，大人分开。

母做轻工夫，父做重活路。

母理家中，父做屋外。

这些祖宗也都有歌来唱，这般先人也都有话来传。

4.

图惹图绕图几白，

Tub roub tub raob tub jid bieb,

图绕几白欧叉夯。

Tub raob jis bieb oud cab hangb.

得拔首林内浪内，

Deib pab soub lingb nied nangb nied,

得浓首林苟留让。

Deib nengb soud lingb goud lioub rangb.

梨树果树要分明，粟树分开做两叉。
女儿养大要嫁人，男儿养大要守家。

三、部落纷争的古话古歌

1.

挂见楼豆，

Guab jeans loux dous，

挂猛楼虐。

Guab mengd loux niub.

炯你吾果吾乖浪内，

Jongs nid wub guob wus gueib nangb nies，

炯照吾滚吾穷浪纵。

Jongs zhaob wub gunb wud qiangb nangb zhongb.

得雄浪剖尤，

Deis xongb nangb boub yout，

得容的剖黎。

Deis rongb deis poub lix.

出毕出包，

Chus bib chus baot，

出发出求。

Chud huab chud qiux.

炯你豆滚帮绒浪内，

Jiongb nid doub gunb bangx rongb nangb nieb，

炯照豆穷帮儒浪总。

Jiongb zhaox doub qiongb bangb rub nangb zongb.

得抓王记，

Deis zhab wangb jib，

得追元记。

Deib zuib yuanb jib.

元地闹绒，

Yuanb dib naob rongb,

带总闹帮。

Daib zongb naob bangx.

闹绒几纵得你让服,

Naob rongb jid zongd deis nid rangb fub,

闹帮几占秋炯让能。

Niaob bangx jis zhanb qiud jiongb rangb nengb.

其埋拢龙剖黎几占得你,

Qid mans longb niongb pous lib jis zhans deid nib,

否判拢龙剖尤几纵秋炯。

Foub panb longb niongd poub youx jid zongd qiub jiongb.

欧洽几占,

Oub qias jid zhanb,

欧告吉抱。

Oud gaob jid boub.

吉吵吉闹,

Jis chaob jis naob,

几抱吉大。

Jid boub jib dab.

炎帝腊抱几容,

Yuanb dib lab boud jis rongb,

否判腊纵几娘。

Wous pand lab zongb jid niangb.

汉拢剖乜莎腊没萨够周,

Haib longd boud niad seax lab meid seax goud zhoud,

办拢内骂莎腊没度卜保。

Banb longd nieb mad seax lad meib dub pux baod.

过了很久,过去多时。

住在白水黑水的人,居在黄水红水的众。

得雄的剖尤,得容的剖黎。

做发做旺,做强做大。

坐在黄土高坡的人,居在红土高山的众。

得抓的王记，得追的元记。

炎帝下山，带人下坡。

下山相争谋生的地方，下坡相占谋活的地盘。

他们与祖尤相争地处，他们和祖黎相争地盘。

两边相争，二面相打。

相吵相闹，相打相杀。

元记也打不过，他们也战不赢。

这些祖宗也都有歌来唱，这般先人也都有话来传。

2.

吾滚吾穷昂儿楼，

Wus guongb wud qiengb ghax jid loub,

吾穷吾滚昂儿反。

Wud qiengb wus guengb ghax jid fanb.

元地召约蚩尤抱，

Yuand dis zhaob yos cis youb boub,

抱败走寿求苟干。

Boub banb zoub shoub quid goud ganb.

黄水红水流得大，红水黄水闹得反。

元记被那蚩尤打，打败跑走到一边。

3.

炎帝儿服善，

Yuanb dis jid fub shuanb,

得追儿夫写。

Deib zuib jis fub xie.

否龙黄帝儿周吉板，

Woub longb huangs dib jid zhoub jid banb,

欧忙阿苟儿不吉强。

Oud bangb as goub jid pub jid qiangb.

王记欧奶元地儿苟术，

Wangb jis oud nied yuanb dis jid goub shub,

元记欧奶王记吉苟他。

Yuanb dis oud nied wangb jis jid goub tat.

欧奶千夫拢抱剖黎，

Ous nieb qianb fud beb boub lib，

欧图吉夫拢抱剖尤。

Ous tub jid fub longb beb boub youb.

剖黎腊抱几容，

Boud lib lab boub jis rongb，

剖尤腊踏几娘。

Boud youb las tab jid niangb.

抱书剖黎，

Boub shub boub lib，

抱败剖尤。

Boub banb bous youb.

得雄得容达起同绒几没比，

Deis xiongb deis rongb das qib tongb rongb jid meib bid，

得数得木达起同潮几没缪。

Deis shub deis mub das qis tongb chaob jis meib mioud.

达起几白便苟，

Das qib jis bieb biab goud，

吉瓦照公。

Jis wab zhaob gongb.

元记不服肝，他们不服心。

他和王记相议，两家合作商量。

王记他和元记牵手，元记他和王记牵连。

两个牵手来打剖黎，两家牵连来杀剖尤。

剖黎也打不过，剖尤也杀不赢。

打倒剖黎，打败剖尤。

得雄得容如龙没有龙头，得数得木似麟没有麟首。

这才分开五路，分散六方。

4.

欧帮千夫阿帮大，

Ous bangb qianb fub as bangb dab，

几抱吉大相蒙虐。

Jis baob jid das xiangb mengb niud.

蚩尤弄几腊几挂，

Cib youb nengb jis lab jid guab，

几挂欧帮叉败久。

Jis guad ous bangb cab banb jioub.

两帮联合一帮杀，相打相杀真的凶。

剖尤剖黎打不下，相敌不过两帮雄。

四、苗族迁徙的古话古歌

1.

阿半理吾理斗闹猛，

As banb lid wud lib doub naob mengb，

阿半理板理泡闹猛。

As banb lib banb lib paob naob mengd.

便送得雄，

Biab songb deib xiongb，

炯送得容。

Jiongb songb deis rongb.

阿谷欧送得数，

As gub ous songb deib shub，

阿谷欧骂得木。

As gub oud mas deis mub.

几吾列岔窝得能缪，

Jid wub lieb chab aos deib nengb moud，

几补列岔帮儒能昂。

Jid pub lieb chas bangb rud nengb ghax.

安洞浪当挂约迷产万柔，

And dongb nangb dangd guab yod mid chant wanb roub,

苟追莎腊挂约迷吧万就。

Goub zuib seab lab guab yod mib bab wanb jioub.

闹单后吾，

Naob dans houb wud,

会送后西。

Huib songb houb xib.

大席几兵，

Das xib jid bingb,

总忙吉克。

Zongb mangb jid keib.

大席莎江汝得，

Das xib sex jiangb rub deib,

总忙莎愿汝秋。

Zongb mangb seax yuanb rub qiub.

尼得出苟出让，

Nis deib chus goub chud rangb,

尼秋出发出求。

Nid qiub chus huab chud qiub,

齐埋达起出得麻你，

Qib mand das qib chus deib mad nib,

大席达起出秋麻炯。

Das xib das qib chus qioud mab jiongb.

几必莎召得抓你齐，

Jid bib seax zhaob deib zhab nis qid,

久忙莎召得追炯白。

Jioub mangb seax zhaob deis zuib jiongb banb.

便巴照骂达起八昂几瓦比，

Biab bad zhaob mas das qib bab angb jid wab beib,

藏梅几瓦闹。

Changb meix jid wab naob.

几炯理吾能缪，

Jis jiongb lib wud nengb mioud,

理补岔洞。

Lib but chab dongt.

常单阿浪苟，

Changb danb as nangb goud,

会送阿浪公。

Huib songb as nangb gongb.

叉走窝骂杨家，

Cab zoub aob mab yangb jias,

叉龙窝骂田家，

Cab longb aos mab tianb jias,

阿苟岔补，

As goub chab bud,

阿公岔洞。

As gongd chab dongt.

几炯拢单占楚，

Jis jongt longb dans zhanx chux,

吉龙拢送占菩。

Jib longb longb songb zhanb pub.

占楚汝补，

Zhanb chub rux bud,

占菩汝冬。

Zhanb pub rub dongd.

占楚几卜见棉，

Zhan chub jid pux jianb miant,

占菩吉难见拢。

Zhanb pub jis nanb jianb longb,

那几最苟，

Nas jid zuib goud,

骂几最得。

Mad nid zuib deis.

拔几最秋，

Pab jid zuib qiub,

浓几最兰。

Nongb jid zuib land.
见棉炯内，
Jiand mianb jiongb nied,
见拢炯乙。
Jianb longb jiongb yid.
声够几竹冬内，
Shengb goub jis zhub dongb nied,
声萨吉话王记。
Shengt seax jis huab wangb jib.
几不棍巧拢能，
Jis bub ghunt qiaob longb nengb,
吉数棍加拢大。
Jid shub ghunt jiab longb das.

一半理河理水下去，一半理川理谷下去。
五姓苗子，七姓苗胞。
一十二支二族，一十二父二子。
水里要找水域捕鱼，陆地要找山川打猎。
不知理过几千的河湾，不知蹚过几万的沙坝。
走到后吾，来到后西。
大家相观，大众相看。
大家也喜欢这地方，大众也喜爱这地盘。
好个安家的地方，好个起屋的地盘。
他们这才起屋安家，大众这才建房建园。
不料又被得抓坐满，不料也被得追坐完。   得抓、得追：古代人名。
五支六系这才扒船转头走，骑马转向去。
要找水域捕鱼，山川打猎。
回到一层的山，转到一次的路。
碰见杨家的人，才和田家的众。
一同走去，一路行来。
一同来到占楚，一路来到占菩。
占楚好山，占菩好水。
占楚相议合鼓，占菩商量结社。

哥寻老弟，父找儿子。

女寻五亲，男找六眷。

跳鼓七天，祭祖七日。

鼓声震动冬内，歌声惊动王记。

差那己嘎来吃，调遣己狞来吞。

2.

求补求冬岔得炯，

Qiub bus qiud dongb cas deib jongs，

求夯求共岔得你。

Qiub hangd qiub gongb cab deib nis.

炯那炯苟炯吉龙，

Jongd nas jongd goub jongd jis longb，

出话出求阿柔乙。

Chus huab chus qiub as roub yib.

理溪理河找地盘，理江理溪找谋生。

哥兄父子一起来，做强做旺大发兴。

后记

　　笔者在本家 32 代祖传的丰厚资料的基础上，通过 50 多年来对湖南、贵州、四川、湖北、重庆等五省市及周边各地苗族巴代文化资料挖掘、搜集、整理和译注，最终完成了这套《湘西苗族民间传统文化丛书》。

　　本套丛书共 7 大类 76 本 2500 多万字及 4000 余幅仪式彩图，这在学术界可谓鸿篇巨制。如此成就的取得，除了本宗本祖、本家本人、本师本徒、本亲本眷之人力、财力、物力的投入外，还离不开政界、学术界以及其他社会各界热爱苗族文化的仁人志士的大力支持。首先，要感谢湖南省民族宗教事务委员会、湘西州政府、湘西州人大、湘西州政协、湘西州文化旅游广电局、花垣县委、花垣县民族宗教事务和旅游文化广电新闻出版局、吉首大学历史文化学院、吉首大学音乐舞蹈学院、湖南省社科联等各级领导和有关工作人员的大力支持；其次，要感谢中南大学出版社积极申报国家出版基金，使本套丛书顺利出版；再次，要感谢整套丛书的苗文录入者石国慧、石国福先生以及龙银兰、王小丽、龙春燕、石金津女士；最后，还要感谢苗族文化研究者、爱好者的大力推崇。他们的支持与鼓励，将为苗族巴代文化迈入新时代打下牢固的基础、搭建良好的平台；他们的功绩，将铭刻于苗族文化发展的里程碑，将载入史册。《湘西苗族民间传统文化丛书》会记住他们，苗族文化阵营会记住他们，苗族的文明史会记住他们，苗族的子子孙孙也会永远记住他们。

浩浩宇宙，莽莽苍穹，茫茫大地，悠悠岁月，古往今来，曾有我者，一闪而过，何失何得？我们匆匆忙忙地从苍穹走来，还将促促急急地回到碧落去，当下只不过是到人世间这个驿站小驻一下。人生虽然只是一闪而过，但我们总该为这个驿站做点什么或留点什么，瞬间的灵光，留下这一丝丝印记，那是供人们记忆的，最后还是得从容地走，而且要走得自然、安详、果断和干脆，消失得无影无踪……

编　者

2020 年 11 月

图集

古仪歌之入门（周建华摄）

古仪歌之入座前念白（周建华摄）

古仪歌之场景（周建华摄）

古仪歌之堂屋后壁神坛（周建华摄）

古仪歌之欢乐气氛(周建华摄)

古仪歌之舅爷亲(周建华摄)

古仪歌之坐席上的老少（周建华摄）

古仪歌之坐席上的正客（周建华摄）

古仪歌之焚香敬祖（周建华摄）

古仪歌之敬祖先茶果（周建华摄）

古仪歌之主持人敬祖（周建华摄）

古仪歌之烧纸钱敬祖（周建华摄）

古仪歌之小姑娘烧纸敬祖（周建华摄）

古仪歌之主家敬祖（周建华摄）

古仪歌之开席（周建华摄）

古仪歌之唱敬酒（周建华摄）

图书在版编目(CIP)数据

古仪歌／石寿贵编. —长沙：中南大学出版社，
2020.12

（湘西苗族民间传统文化丛书. 二）
ISBN 978 - 7 - 5487 - 4235 - 7

Ⅰ.①古… Ⅱ.①石… Ⅲ.①苗族—民歌—作品集—
中国—古代 Ⅳ.①I276.291.6

中国版本图书馆 CIP 数据核字（2020）第 205600 号

古仪歌
GUYIGE

石寿贵　编

□责任编辑	刘　莉		
□责任印制	易红卫		
□出版发行	中南大学出版社		
	社址：长沙市麓山南路	邮编：410083	
	发行科电话：0731 - 88876770	传真：0731 - 88710482	
□印　　装	湖南省众鑫印务有限公司		

□开　　本　710 mm × 1000 mm 1/16　□印张 21.5　□字数 501 千字　□插页 2
□互联网＋图书　二维码内容　音频 2 小时 17 分钟 38 秒
□版　　次　2020 年 12 月第 1 版　□2020 年 12 月第 1 次印刷
□书　　号　ISBN 978 - 7 - 5487 - 4235 - 7
□定　　价　215.00 元

图书出现印装问题，请与经销商调换